Günter Laser

breVIA – Lehrerband

Vandenhoeck & Ruprecht

Bibliografische Information der Deutschen Nationalbibliothek:
Die Deutsche Nationalbibliothek verzeichnet diese Publikation in der
Deutschen Nationalbibliografie; detaillierte bibliografische Daten sind
im Internet über http://dnb.de abrufbar.

Umschlagabbildung: akg-images/Gilles Mermet

Satz: SchwabScantechnik, Göttingen
Druck und Bindung: ⊕ Hubert & Co. BuchPartner, Göttingen
Printed in the EU

Vandenhoeck & Ruprecht Verlage | www.vandenhoeck-ruprecht-verlage.com

ISBN 978-3-525-71152-1

Inhalt

1. Zur Einführung

Sehr geehrte Dozentinnen und Dozenten, Kolleginnen und Kollegen,

wir freuen uns, dass Sie sich für das Lehrwerk breVIA entschieden haben. Mit dieser Handreichung stellen wir Ihnen zunächst das didaktische und methodische Konzept des Lehrwerkes vor. Anschließend finden Sie zu jeder Lektion Vorschläge zur Sequenzplanung, die Sie bei der Vorbereitung der Seminarveranstaltung oder des Unterrichts entlasten. Der dritte Teil enthält Lösungen zu allen Texten und Übungen.

1.1 Grundlagen und Ziele des Lehrwerks

breVIA ist ein Kurzlehrgang für Latein. Er richtet sich an Schülerinnen und Schüler, die spät Latein lernen, und an Studenten.

Die Schülerinnen und Schüler, die in der Oberstufe Latein lernen, bringen sehr unterschiedliche Voraussetzungen mit – entsprechend groß ist das Leistungsspektrum:

Ein Teil der Schüler verfügt über größere Erfahrungen im Fremdsprachenlernen – neben Englisch haben sie bereits eine oder zwei weitere moderne Fremdsprachen gelernt. Häufig sind diese Schüler verhältnismäßig leistungsstark und belegen Latein als dritte oder vierte Fremdsprache, um noch in der Schule das Latinum in einem vergleichsweise kurzen Zeitraum zu erwerben.

Für Schülerinnen und Schüler, die von der Gesamtschule in die gymnasiale Oberstufe wechseln, ist Latein dagegen nach Englisch die zweite Fremdsprache – und wird neben dem Interesse an der antiken Kultur teilweise auch gewählt, um der Belegverpflichtung nachzukommen. Der Erwerb eines Latinums ist in der Regel daran gebunden, sich einer externen Prüfung zu stellen.

An Universitäten wird Latein häufig gewählt, um die Studienvoraussetzungen eines gewünschten Studiengangs zu erfüllen. In der Regel muss nach zwei oder drei Semestern in einer Prüfung ein Kenntnisstand belegt werden, der das Erlangen eines »Kleinen Latinum« oder »Großen Latinum« ermöglicht. Studenten profitieren von den sprachlichen, historischen und kulturellen Kenntnissen der Schulzeit, sehen sich aber zugleich hohen Erwartungen der anderen Studienfächer ausgesetzt.

Diesen unterschiedlichen Anforderungen und Bedürfnissen sowie den curricularen Vorgaben trägt breVIA als moderner Kurzlehrgang im Hinblick auf die Schulung der Sprach-, Text,- Kultur- und Methodenkompetenz Rechnung.

– Der Lehrgang schult die Übersetzungsfähigkeit so, dass die Schülerinnen und Schüler auf den Erwerb des Latinums vorbereitet werden.

a) Als Lernwortschatz wurden vornehmlich solche Wörter ausgewählt, die unter den 1000 wichtigsten auf der Query-Liste stehen. Die Grammatik ist im Interesse der didaktischen Reduktion auf die wichtigen Phänomene fokussiert.

b) Die Lektionstexte sind von Anfang an sehr nah am Original gehalten.

Das hat angesichts der nur sehr kurzen Lektürephase den Vorteil, dass bereits während der Lehrbucharbeit eine intensive inhaltliche und interpretatorische Auseinandersetzung mit Originaltexten stattfinden kann. Die Texte bieten – neben einer intensiven Erarbeitung grammatikalischer Phänomene – ansprechende und auch für Oberstufenschüler interessante Inhalte.

Die Originalnähe hat zur Folge, dass teilweise relativ viele Vokabelhilfen am Rand benötigt werden. Dies ist jedoch zugleich ein Training für die Lektürephase; denn dort werden die Schülerinnen und Schüler mit intensiv kommentierten Texten konfrontiert.

c) Für die Lektürephase zentrale methodische Kompetenzen wie das Nachschlagen von unbekannten Vokabeln und das Auswählen der richtigen Bedeutung werden von Anfang an trainiert. Der Übungsteil einer jeden Lektion enthält am Ende Übungen zum Nachschlagen von unbekannten Wörtern. Diese Übungen lassen sich sowohl mit dem im Buch enthaltenen alphabetischen Vokabelverzeichnis als auch mit einem Wörterbuch bearbeiten.

Ebenso wird auch das Nachschlagen von noch unbekannten Phänomenen in der Grammatik geübt. Dies soll das Nachschlagen von »wieder vergessener« Grammatik während der Lektürephase simulieren und die Schüler zum kompetenten Umgang mit der Systemgrammatik befähigen.

– Den unterschiedlichen Interessen und dem breit gestreuten Leistungsniveau trägt der Lehrgang durch Binnendifferenzierung Rechnung:

 a) Alle Lektionstexte werden hinten im Buch in einer vereinfachten Fassung angeboten. Der Verweis D hinter der Überschrift verweist direkt auf die passende Seite.

 b) Die Übungen sind binnendifferenziert aufgebaut:
 Links befindet sich die Basisübung, die Übung rechts ist etwas schwieriger. Nicht intendiert ist, dass alle Übungen sukzessive abgearbeitet, sondern je nach Förderbedarf der Lerngruppe insgesamt und der individuellen Lerner Schwerpunkte gesetzt werden. Insofern sind die Übungen als Angebot zu verstehen.

 c) Der Lernwortschatz enthält ca. 30 neue Wörter pro Lektion. Die 10–15 wichtigsten davon sind gesondert ausgewiesen als absolutes »Minimalwissen«.

– Die Themen sind so ausgewählt, dass sie verschiedene Interessen befriedigen und relevante antike Texte und Autoren abdecken. breVIA verzichtet darauf, eine antike Familie als Identifikationsfiguren einzuführen oder in streng chronologischer Abfolge Epochen der römischen Geschichte abzuarbeiten. Vielmehr sollen die Schüler befähigt werden, auf der Basis solider Grundkenntnisse thematisch ausgewählte Texte repräsentativer Autoren (z. B. Plinius, Seneca, Cicero) möglichst selbstständig vorerschließen, übersetzen und interpretieren zu können.

1.2 Didaktisches Konzept

Formenlehre

breVIA reduziert die Formenlehre konsequent auf das für das Verstehen und Übersetzen von lateinischen Texten Notwendige. Die Thematisierung von Grammatik hat in diesem Zusammenhang stets dienende Funktion. Die Lerner sollen in die Lage versetzt werden, Formen und ihre Morpheme zu erkennen, korrekt zu deuten und angemessen in deutscher Sprache bei der Rekodierung wiederzugeben. Im Interesse der Förderung besonders begabter Schüler und Studenten werden allerdings auch Angebote gemacht, Formen zu bilden.

Nomina: Der Einstieg erfolgt über die a- und o-Deklination, die 3. Deklination der Substantive und auch der Adjektive kommt erst in den vierten Lektion hinzu.

Verben: Alle Konjugationsklassen werden bereits in der ersten Lektion eingeführt, da der Schwerpunkt auf dem Erkennen der Formen und nicht auf ihrer Bildung (unter Verwendung von Binnenvokalen) liegt. Gleichwohl wird die Zuordnung der Verben zu den Konjugationsklassen auch dadurch geübt, dass die Lerner von Lektion 1 an Aufträge zum Nachschlagen im Vokabelverzeichnis erhalten. Bei dieser Gelegenheit lassen sich besonders organisch und exemplarisch die Unterschiede vor allem der e- und der konsonantischen Konjugation thematisieren.

Syntax

Die Satzglieder werden nach und nach eingeführt, so dass sich immer komplexere Strukturen ergeben. In der ersten Lektion kann in Verbindung mit den Methoden zur Texterschließung die Pendelmethode geübt werden. Bereits mit der Lektion 3 sind alle Kasus eingeführt, so dass frühzeitig alle für die Lektüre relevanten Kasusfunktionen geübt werden können.

Der AcI wird als erste satzwertige Konstruktion in Lektion 7 und 8 vermittelt, *participium coniunctum* und *ablativus absolutus* in Lektion 13 und 14 in Verbindung mit dem PPA, in Lektion 17 wiederaufgegriffen mit dem PPP. Gerundium und Gerundivum werden in Lektion 19 und 20 eingeführt.

Wortschatz

Wenngleich breVIA von Anfang an das Nachschlagen übt, zielt das Lehrwerk konsequent darauf ab, die Beherrschung eines Grundwortschatzes zu sichern: durch unterschiedliche Übungen (Zuordnung, Auswahl der kontextuell passenden Bedeutung, Bildung bzw. Bedeutung von Komposita, Kontrastierung von *false friends*), Anfertigung von mindmaps zu Wortfamilien und Sachfeldern und Rondogramme. Rondogramme ermöglichen es, nachvollziehbar zu visualisieren, dass eine lateinische Vokabel situativ unterschiedliche Bedeutungen hat (z. B. *petere, contendere; res*). Statt lange Listen von Einzelbedeutungen auswendig zu lernen, ist es wichtiger und auch lernökonomisch geboten, das Grundverständnis für den Kontext zu üben (z. B. *amicum petere* vs. *hostem petere*).

Methodenkompetenz

Im letzten Drittel des Lehrwerks befindet sich gebündelt der Methodenteil zu Textvorerschließung, Übersetzungsmethoden, Interpretation und Wortbildung. Im Zuge der inhaltlichen und sprachlichen Progression erweist es sich als praktischer, den Methoden einen Ort zum Nachschlagen zu geben als sie an einzelne Lektionen anzudocken.

1.3 Aufbau des Lehrwerks

Der Lehrgang besteht aus zwei Bänden:
a) breVIA, dem Lehrwerk mit den Lektionen, dem Methodenteil und dem Lernwortschatz
b) brevissima, der Lern- und Nachschlagegrammatik.

breVIA setzt auf ein optisch klares Layout – so wird die Aufmerksamkeit auf das Wesentliche konzentriert und nicht durch zu viele unterschiedliche optische Reize über die Buchseite gestreut.

Diese einfache und klare Strukturierung gilt auch für den Lektionsaufbau:
Jeweils zwei Lektionen bilden eine inhaltliche Einheit; eine Doppelseite mit einem Sachtext zur antiken Kultur führt in die Sequenz ein.
Die Lektionen selbst bestehen immer aus vier Seiten: eine Doppelseite zum Lektionstext, dann eine Doppelseite mit Übungen.

Die differenzierten Übungen einer jeden Lektion enthalten vier Übungsschwerpunkte:
a) Wortschatz
b) Formen
c) Syntax
d) Nachschlagen und Transfer.

Die Verwendung von Operatoren dient der Transparenz, welche Lernleistung jeweils erbracht werden soll.

Im Anschluss an den Lektionsteil enthält das Buch
– die differenzierten Lektionstexte
– einen Methodenteil
– den Lernwortschatz der Lektionen
– das Namensverzeichnis
– am Ende einen (erweiterten) alphabetischen Wortschatz, der zusätzlich zu den Lernvokabeln auch die Wörter aus den Nachschlage-Übungen enthält.

Brevissima Grammatik

Der Grammatikband ist systematisch aufgebaut – aber dennoch so, dass er lehrgangsbegleitend ohne Probleme benutzt werden kann.
– Im Lehrbuch sind in den einzelnen Lektionen konkrete Verweise auf die entsprechenden Seiten in der Grammatik zu finden (G).
– Weiterführende Informationen, die in der einführenden Lektion noch nicht von Belang sind, sind in einem Kasten als »für später« gekennzeichnet.

Die Grammatik ist bewusst sehr kurz gehalten und möchte grundlegendes Basiswissen für das Übersetzen aus dem Lateinischen vermitteln. Primär nur für die aktive Formenbildung wichtige Details (wie z. B. die Bindevokale im Indikativ Präsens) werden nicht ausführlich thematisiert – für Interessierte wird auf die ausführlichen Formentabellen hinten im Buch verwiesen.

2. Konkretisierung im Schulalltag

breVIA umfasst 24 Lektionen. Der Stoffverteilungsplan geht bei 4 Wochenstunden Latein von 6–7 Unterrichtsstunden pro Lektion aus.

Damit gibt es ausreichend Spielraum für notwendige Übungsphasen vor Klassenarbeiten bzw. Klausuren und für Zeiten, in denen aus verschiedenen Gründen (z. B. Feiertage) ein kontinuierliches Unterrichten erschwert ist.

Lektion 1

Themensequenz: Plinius: Römisches Alltagsleben

Lektionsthema: Der Gast kommt nicht

Grammatik: Nominativ und Akkusativ Sg./Pl. (a- und o-Dekl.); Verben im Ind. Präs.

Kultur: Speisen bei den Römern

Inhalt und Zielsetzung des Lektionstexts

Im Lektionstext wird Plinius als Mitglied der römischen Führungsschicht vorgestellt, der darüber enttäuscht ist, dass sein Freund Septicius Clarus nicht zur *cena* erschienen ist.

Tipps zum Einstieg

Ältere Schüler und Studenten haben in den zurückliegenden Jahren zusammen mit ihren Eltern im Urlaub Ausgrabungen aus der Römerzeit besichtigt, im Geschichtsunterricht Kenntnisse über typische Gebäude gewonnen oder durch Fernsehprogramme einiges über das Leben im alten Rom erfahren. Diese Kenntnisse lassen sich – ggf. zusammen mit dem Bucheinband – sammeln und durch mindmapping organisieren. In der Regel ergibt sich ein heterogenes Bild einer einst blühenden Kultur, allerdings tritt zwangsläufig der sprachliche Anteil in den Hintergrund.

Daher bietet es sich stärker an, über die Doppelseite 10/11 in die römische Kultur und die lateinische Sprache einzusteigen: Zuerst erfolgt eine Annäherung über die Beschreibung und die Zuweisung der Bedeutung zu den Gebäuden auf Deutsch: z. B. Amphitheater, Aquädukt, Circus Maximus. Schüler und Studenten, die möglicherweise diese oder ähnliche Gebäude in Rom oder den römischen Provinzen gesehen haben, ergänzen die Ausführungen, sodass

deutlich wird, dass es sich nicht nur für die Stadt Rom, sondern für das ganze römische Reich um typische Bauwerke handelte.

Im Anschluss üben die Schüler bzw. Studenten die lateinische Sprache mithilfe des Dialogs auf S. 11. Zumindest das erste Beispiel sollte der Lehrer langsam, betont und pointiert vortragen und schließlich auf einer OHP-Kopie oder einer digitalen Tafel zeigen. In Abhängigkeit von der Kursgröße können jeweils Partnergruppen den Dialog an ihren Arbeitsplätzen oder vor der Klasse fortführen. Dabei ist es nicht erforderlich, tatsächlich alle Gebäude zu benennen; es dürfen Schwerpunkte gesetzt werden. Gegebenenfalls kann im Anschluss eine Phase der Sprachreflexion erfolgen und die enthaltene Grammatik bewusst gemacht werden: Endungen der drei Genera (-us, -a, -um); Unterschied Nominativ/Akkusativ. Dies entlastet den folgenden Lektionstext vor.

Dem gleichen Zweck dienen auch die Einstiegssätze auf S. 14. Der relevante Text zur Einladung ist ganz stark reduziert, dafür aber die Kasussignale farbig hervorgehoben, um den Blick darauf zu fokussieren, dass lateinische Formen an charakteristischen Signalen erkannt werden können.

Nach den Bauwerken im öffentlichen Leben, die bei Spielen, Gerichtsprozessen oder Märkten wichtig waren, richtet sich im ersten Informationstext der Blick auf das Wohnen im privaten Bereich, das in hervorragender Weise eine historische Kommunikation ermöglicht.

Vorschläge zur Sequenzplanung

1. Stunde	**Einführung in die lateinische Sprache und Kultur** – Begegnung mit Bauwerken im öffentlichen Raum – Akustische Präsentation und Imitation lateinischer Dialoge – Sicherung der Substantivendungen als (mögliche) Kasus- und Genusangabe – Hausaufgabe: Lesen des Informationstextes zum »Wohnen in der römischen Antike« und tabellarische Gegenüberstellung mit heutigen Wohnverhältnissen
2. Stunde	**Übersetzung des Lektionstextes, Z. 1–7** – Besprechen der Hausaufgabe – Erläuterung des Angebots differenzierter Übersetzungstexte (S. 134 ff.) – Erschließung des ersten Absatzes mithilfe der Vorerschließungsaufgabe 1, anschließend Übersetzung in Partnerarbeit – Sicherung der Übersetzung – Sicherung der Kasusendungen für den Nom. und Akk. Pl. der a-/o-Dekl. – Übung 9, zugleich historische Kommunikation: Vergleich des antiken und heutigen Abendessens – Hausaufgabe: Wortschatz 1–22 auf Karteikarten schreiben und lernen
3. Stunde	**Subjekt, Prädikat, Objekt** – Einstieg mit Übungen 12 und 13 zur Wiederholung der Kasusendungen – Erschließung des restlichen Lektionstextes mithilfe der Vorerschließungsaufgaben 2 und 3, anschließend Übersetzung in Partnerarbeit – Sicherung der Übersetzung – Sicherung der Personalendungen des Ind. Präs. Akt. – Interpretation von Plinius' Selbstverständnis als Gastgeber anhand der Textaufgaben 4–6 – Ausstieg mit dem Informationstext »Speisen bei den Römern« und historische Kommunikation zum Vergleich der Speisen während des Tages – Hausaufgabe: Wortschatz 23–40 auf Karteikarten schreiben und lernen
4. Stunde	**Wortschatz und Wortarten** – Einstieg: Thematisierung von Strategien zum Vokabellernen anhand von Übung 1 – Erarbeitung der Übungen 2–8 durch Think-Pair-Share, dabei Thematisierung der Differenzierung der Übungen – Gelenktes Unterrichtsgespräch zum Vorgehen beim Nachschlagen in den Aufgaben 16–19 anhand eines Beispiels, anschließend individuelles Nachschlagen bzw. Abschluss als Hausaufgabe
5. Stunde	**Substantive und Pronomina** – Besprechen der Hausaufgabe – Einstieg mit Übung 10 und Thematisierung der Funktion der Kasus – Erarbeitung der Übungen 11–15
6. Stunde	**Didaktische Reserve** für weitere Übungen oder inhaltliche Vertiefungen

Lektion 2

Themensequenz: Plinius: Römisches Alltagsleben

Lektionsthema: Sklaverei

Grammatik: Ablativ Sg./Pl. (a- und o-Dekl.); Adjektive der a- und o-Dekl.; Formen von *esse*

Kultur: Sklaven in der römischen Antike

Inhalt und Zielsetzung des Lektionstexts

Wiederum hat Plinius zu einer *cena* geladen; seinen Gästen fällt auf, dass er trotz der enormen sozialen Kluft zwischen Freien und Sklaven einen aufgeschlossenen Umgang mit seinem Personal pflegt.

Tipps zum Einstieg

In Lektion 2 geht es um einen entscheidenden Unterschied zwischen Antike und Gegenwart: die Einteilung der Gesellschaft in Freie und Sklaven. Im heutigen Deutschland hingegen ist gemäß Grundgesetz die Würde aller Menschen unantastbar. Im Einstieg bietet sich an, durch Präsentation von Bildern oder Texten zu verdeutlichen, dass trotz aller Menschenrechtskonventionen de facto Sklaverei auch in unserer modernen Welt fortbesteht, etwa durch den Transport osteuropäischer Frauen als Prostituierte, denen der Pass abgenommen wird und die jahrelang ihre Schulden durch erzwungenen Geschlechtsverkehr abarbeiten müssen.

Bei jüngeren Schüler böte sich ggf. der Zugang durch Jugendliche an, die z. B. in Indien nicht die Schule besuchen können, um durch Dienstleistungen als Tagelöhner Geld für die Familie zu verdienen. Sklaverei tritt hier weniger als Rechtlosigkeit auf. Tatsächlich herrscht aber eine hohe Abhängigkeit der Familien, die gezwungen sind, Kinder quasi als Arbeitsmasse zu verkaufen.

Insgesamt muss man bedenken, dass durch das Fernsehen die Vorstellung vermittelt wird, als wären Sklaven in der Antike relativ häufig geschlagen worden, um sie gefügig zu machen, obwohl sie ein durchaus teuer bezahltes Instrument des Sklavenbesitzers gewesen sind. Der Tod eines Sklaven bedeutet immer auch eine Art von Abschreibung, die einen Verlust von Kapital darstellte. Trotz allem dürfte auch heutigen Schülern der Mangel an individueller Freiheit als großes Defizit deutlich werden, selbst wenn Sklaverei zu keinen physischen Schäden führt.

Die neue Grammatik können Sie entweder anhand des Lektionstextes erschließen lassen oder, wenn gewünscht, schon vorab einführen mithilfe der stark auf die Kasussignale reduzierten Einstiegssätze.

Vorschläge zur Sequenzplanung

1. Stunde	**Einführung des Ablativs** – Wiederholung des deklarativen Wissens zum Akkusativ sowie Einführung des Ablativs mithilfe der Einstiegssätze 1 und 2 auf S. 18 – Sicherung der Formen des Ablativs anhand von Übung 6 – Sicherung der Ablativfunktionen mithilfe der Grammatik (4 Grundfunktionen: Ort/Zeit – Trennung – Begleitung – Mittel); alternativ auch nach der Übersetzung des Lektionstextes möglich – Wiederholung der 3. Pers. Sg. und Pl. des Hilfsverbs *esse* und Einführung der 1./2. Pers. mithilfe des Einstiegssatzes 3 auf S. 18 – Hausaufgabe: Wortschatz 1–12, Lektüre des Informationstextes
2. Stunde	**Die Rolle der Sklaven in der römischen Gesellschaft** – Einstieg durch Sicherung des Informationstextes – Vorerschließung des Lektionstextes anhand der Vorerschließungsaufgaben 1 und 2 – Übersetzung des Lektionstextes in PA bis Z. 13 – Sicherung der Übersetzung – Hausaufgabe: Wortschatz 13–27
3. Stunde	**Sklaven: hilfreiches Werkzeug oder Bedrohung?** – Übersetzung des restlichen Lektionstextes in PA – Historische Kommunikation zur Behandlung von Sklaven – Interpretation der humaneren Einstellung des Plinius anhand der Aufgaben 3 und 4 auf S. 18 – Sicherung der Ablativfunktionen (4 Grundfunktionen: Ort/Zeit – Trennung – Begleitung – Mittel) – Hausaufgabe: Wortschatz 28–36, Übung 14
4. Stunde	**Übung der Formen und Funktionen des Ablativs** – Vergleich der Hausaufgaben – Individuelles Üben und Vergleichen der Aufgaben 1, 7–13 und 15 – Hausaufgabe: Übungen 18 (Nachschlagen unbekannter Kasusfunktionen) und 19
5. Stunde	**Grundbedeutung und treffende Übersetzung** – Vergleich der Hausaufgaben – Präsentation des Rondogramms als Mittel der Annäherung an eine treffende Übersetzung – Gemeinsame Erarbeitung und Sicherung von Übung 2 – Arbeitsteilige Erarbeitung und Sicherung der Übungen 3–5 – Hausaufgabe: Übungen 16 und 17
6. Stunde	**Didaktische Reserve** für weitere Übungen oder inhaltliche Vertiefungen

Lektion 3

Themensequenz: Seneca: Freizeitgestaltung im Alten Rom
Lektionsthema: Freizeitgestaltung in den Thermen
Grammatik: Genitiv und Dativ Sg./Pl. (a- und o-Dekl.); Imperative
Kultur: Baden und Entspannen in römischen Thermen

Inhalt und Zielsetzung des Lektionstexts

Der römische Philosoph Seneca wohnt oberhalb von einer Badeanlage und wird durch permanenten Lärm belästigt. Als Stoiker benötigt er aber keine äußere Ruhe zum Philosophieren, da er in sich selbst zu ruhen vermag.

Tipps zum Einstieg

Kaum ein Bereich des römischen Lebens ist so faszinierend wie die Freizeitgestaltung. Jeder Schüler kennt das berühmte Wagenrennen aus Ben Hur und Gladiatorenkämpfe aus Gladiator oder der TV-Serie Spartacus. Insofern bietet sich ein kulturhistorischer und zugleich medienkritischer Zugang über den Informationstext sowie die Präsentation ausgewählter Filmsequenzen an. Im Vordergrund steht dabei, dass gerade die Hollywood-Produktionen oft frei mit dem historischen Material umgehen. Gladiatoren auszubilden war ein langer und kostenintensiver Prozess, sodass ein hemmungsloses gegenseitiges Abschlachten kaum finanzierbar gewesen wäre. Sofern hinreichend Unterrichtszeit zur Verfügung steht, lohnt sich eine detaillierte Untersuchung, wie heutige Zuschauer durch Schnitttechnik und Filmmusik für die antike Welt begeistert werden.

Alternativ bietet sich ein eher kognitiver Zugang an. Nachdem bereits Nominativ, Akkusativ und Ablativ eingeführt sind, bietet sich ein Sprachvergleich mit dem Deutschen und Englischen an. Der Fokus ruht in dem Fall auf typischen Signalen für Kasus: das Lateinische kennt keinen bestimmten Artikel, der für das Deutsche wichtig ist; im Englischen werden zudem Präpositionen benötigt, um größere Eindeutigkeit zu schaffen, welcher Kasus jeweils vorliegt. Deutlich soll werden, dass auch das Lateinische in der Regel am konkreten Text desambiguiert werden muss, da z. B. allein Endungen wie -i oder -ae formal zahlreiche Alternativen zulassen. In diesem Sinne ist auch eine erste Annäherung durch die Einstiegssätze und die farbig hervorgehobenen neuen Signale auf S. 24 möglich.

Vorschläge zur Sequenzplanung

1. Stunde	**Didaktische Reserve:** Rezeption römischer Freizeitgestaltung in den Medien
2. Stunde	**Einführung des Genitivs** – Wiederholung des deklarativen Wissens zu den Formen der bisher gelernten Kasus mithilfe von Übung 2 – Sachfeldbezogene Erschließung des Lektionstextes 3 anhand der Vorerschließungsaufgaben 1–2 – Übersetzung des Lektionstextes Z. 1–6 in PA, anschließend Sicherung der Übersetzung – Sicherung der Formen und Funktion des Genitivs – Hausaufgabe: Wortschatz 1–15
3. Stunde	**Einführung des Dativs** – Einstieg mit Übung 6: Wiederholung der Genitivendungen – Übersetzung des Lektionstextes in PA bis Z. 11, anschließend Sicherung der Übersetzung – Sicherung der Formen und Funktion des Dativs – Übungen zur Vertiefung: Übung 8, dann arbeitsteilige Deklination der Übungen 12 und 13 – Hausaufgabe: Wortschatz 16–20, Lektüre des Informationstextes
4. Stunde	**Thermen: ein Ort der Ruhe und Entspannung?** – Sicherung der Hausaufgaben durch Zusammenfassung des Informationstextes – Übersetzung des restlichen Lektionstextes in PA – Sicherung der Imperative – Historische Kommunikation zum Entspannungspotential römischer Thermen mithilfe der Interpretationsaufgaben 4–6 – Hausaufgabe: Wortschatz 21–31
5. Stunde	**Vertiefung der Sprachkompetenz: Grundbedeutung und treffende Übersetzung** – Einstieg anhand von Übung 1 – Individuelles Üben und Vergleichen der Aufgaben 2–5, 14–15 – Hausaufgabe: Übungen 16 und 17 (Vokabeln nachschlagen)
6. Stunde	**Übung der Formen und Funktion von Genitiv und Dativ** – Vergleich der Hausaufgaben – Weitere Übungen zu Genitiv und Dativ (z. B. Übung 7, 9, 10, 11) – Hausaufgabe: Übungen 18 und 19 (unbekannte Grammatik nachschlagen)
7. Stunde	**Didaktische Reserve** für weitere Übungen oder inhaltliche Vertiefungen

Lektion 4

> **Themensequenz:** Seneca: Freizeitgestaltung im Alten Rom
> **Lektionsthema:** Entspannung bei Gladiatorenkämpfen?
> **Grammatik:** Substantive und Adjektive der 3. Deklination
> **Kultur:** Römische Gladiatorenspiele

Inhalt und Zielsetzung des Lektionstexts

Seneca sucht in der Hoffnung Gladiatorenspiele auf, sich angenehm zu unterhalten. Stattdessen wird er Zeuge eines blutigen Gemetzels.

Tipps zum Einstieg

Anders als bei den Thermen in Lektion 3 trägt die antike Freizeitgestaltung im Amphitheater durchaus brutale und abschreckende Züge: Während die Gladiatoren – manchmal – um ihr Leben kämpfen müssen, erfreuen sich die Zuschauer an der Unterhaltung des Blutvergießens und können den Spieleveranstalter unter Druck setzen, einen guten Kämpfer zu belohnen. Manche Historiker sehen dies als direkten Einfluss der Masse auf die ansonsten unzugängliche Politik der Kaiserzeit, und so scheint es, als hätte das Leben in der Antike nur geringen Wert gehabt.

Tatsächlich aber finden sich körper- und kampfbetonte Spiele auch in der vermeintlich zivilisierteren Gegenwart, so vor allem das Boxen, das von Millionen Zuschauern weltweit zu später Stunde im Fernsehen live verfolgt wird. Blaue Augen, gebrochene Nasen und K.O.-Schläge werden wie selbstverständlich hingenommen; es kommen zwar keine Waffen zum Einsatz und es ist auch nicht der Tod des Gegners intendiert, eine gewisse Affinität zum Kampf Mann gegen Mann kann aber auch nicht geleugnet werden. Im Übrigen gibt es mit Fechten, Judo usw. weitere Kampfspiele, die eine historische Kommunikation leicht ermöglichen, weil viele Schüler entweder selber oder aber Geschwister und Freunde in ihrer Freizeit einer solchen Sportart nachgehen. Im Einstieg lassen sich Hypothesen aufstellen, weshalb derartige Spiele heute noch beliebt sind, um mithilfe des Textes zu überprüfen, was die Menschen damals daran erfreut hat.

Andere Fragestellungen, die sich z. B. gut mithilfe des Mindmapping untersuchen lassen, wären die nach dem technischen Ablauf der Spiele, der Versorgung von Zuschauern, der Ausbildung von Gladiatoren. Einige Fragen lassen sich anhand des Informationstextes, andere mit dem Übersetzungstext beantworten, für weitere ist eine Recherche mit Fachbüchern oder dem Internet erforderlich, die während der didaktischen Reserve umgesetzt werden, gleichwohl aber zur Strukturierung der Reihe beitragen kann.

Alternativ bieten sich die Einstiegssätze mit den bunten Hervorhebungen auf S. 28 an, um die neuen Signale erkennen zu lassen.

Vorschläge zur Sequenzplanung

1. Stunde	**Die Faszination von Spielen am Beispiel der Gladiatorenkämpfe**
	– Hypothesenbildung zu den Ursachen zeitloser Beliebtheit von Kampfspielen
	– Erschließung des Lektionstextes Z. 1–4 mithilfe der Vorerschließungsaufgabe 1
	– Übersetzung des Lektionstextes Z. 1–4 in Partnerarbeit
	– Sicherung der Übersetzung
	– Sicherung der Formen der 3. Deklination
	– Gemeinsame Lektüre des Informationstextes S. 29
	– Hausaufgabe: Wortschatz 1–6, Übungen 1 und 2
2. Stunde	**Das Publikum im Amphitheater als Mob**
	– Wiederholung des deklarativen Wissens zu den Formen der bisher gelernten Deklinationen
	– Erschließung des Lektionstextes Z. 5–13 anhand der Vorerschließungsaufgabe 2
	– Übersetzung des Lektionstextes Z. 5–13 in Partnerarbeit
	– Sicherung der Übersetzung
	– Interpretation von Stilmitteln anhand der Interpretationsaufgabe 3
	– Hausaufgabe: Wortschatz 7–26
3. Stunde	**Senecas Einschätzung der Gladiatorenspiele als Mord und Totschlag**
	– Einstieg zur Sicherung des deklarativen Wissens zu den Formen von *esse* und *posse* mithilfe von Übung 11
	– Übersetzung des restlichen Lektionstextes in Partnerarbeit
	– Sicherung der Übersetzung
	– Interpretation des stoischen Standpunktes zu Spielen
	– Hausaufgabe: Wortschatz 27–37
4. Stunde	**Vertiefung der Sprachkompetenz**
	– Einstieg mit den Übungen 7 und 8
	– Arbeitsteilige Gruppenarbeit zu den Übungen 3–6
	– Hausaufgabe: Übungen 9 und 10
5. Stunde	**Vertiefung der Textkompetenz**
	– Vergleich der Hausaufgaben
	– Individuelles Üben und Vergleichen der Aufgaben 2–5, 14–15
	– Hausaufgabe: Übungen
6. Stunde	**Didaktische Reserve** für weitere Übungen oder inhaltliche Vertiefungen

Lektion 5

Themensequenz: Römischer Imperialismus am Beispiel von Caesars Invasion Britanniens

Lektionsthema: Landung römischer Truppen an der britischen Küste

Grammatik: Perfekt, unregelmäßige Stammformen, u-Dekl.

Kultur: Marschgepäck römischer Soldaten

Inhalt und Zielsetzung des Lektionstexts

Die vorbereitete römische Invasion Britanniens gerät ins Stocken, da zum einen bereits feindliche Truppen an der Küste aufgestellt sind, andererseits aber starker Wellengang das Landen erschwert. Erst das vorbildliche Verhalten des Adlerträgers bewegt die Soldaten dazu, die Schiffe zu verlassen.

Tipps zum Einstieg

Von den bisher eingeführten historischen Persönlichkeiten dürfte Caesar vermutlich der bekannteste sein, zu dem zumindest die wichtigsten Details wie das Datum seiner Ermordung bekannt sind.

Als Einstiege bieten sich an:
- Erstellung einer Mindmap, die zugleich zur Strukturierung und Ergänzung der Sequenz herangezogen werden kann; zu einer Vielzahl von Aspekten lassen sich Referate verteilen, die sich entweder auf Caesars antike Biographen Sueton und Plutarch oder Literatur moderner Historiker stützen.
- Evaluation der Darstellung Caesars, der Römer und der Britannier in einem Comicfilm wie z. B. »Asterix bei den Briten« (1986) oder der Realverfilmung »Asterix und Obelix – Im Auftrag Ihrer Majestät« (2012). Zahlreiche Elemente lassen sich zwar gut mit der Textvorlage verbinden, insgesamt aber wird zu überprüfen sein, an welchen Stellen das Gallier- bzw. Römerbild historisch stimmig ist.
- Daneben stehen mehrere historische Dokumentationen, besonders des ZDF, als Einstiegsmaterialien über Internetplattformen bereit, um Caesars machthungrigen Charakter deutlich hervortreten zu lassen. In diesem Fall wird zu überprüfen sein, welche Funktion seine eigenen literarischen Informationen über seine Taten erfüllen sollen.
- Die besondere Konzentration auf das -v- als Tempussignal ergibt sich durch einen Einstieg mit den Einstiegssätzen auf S. 34.

Vorschläge zur Sequenzplanung

1. Stunde	*Veni, vidi, vici* – **Ehrgeiz als Caesars Lebensmotto** – Einführung der Formen des Perfekts mithilfe der Einstiegssätze – Vorerschließung des gesamten Lektionstextes mithilfe der Vorerschließungsaufgabe 1 – Übersetzung von Z. 1–3 und Sicherung der Übersetzung – Sicherung der Personalendungen des Perfekts – Hausaufgabe: Wortschatz 1–10
2. Stunde	**Schwieriges Gelände als Hindernis für die Invasion in Britannien** – Einstieg mit dem Informationstext S. 35 – Erschließung des Lektionstextes Z. 4–9 anhand der Vorerschließungsaufgabe 2 – Übersetzung des Lektionstextes Z. 4–7, anschließend Sicherung – Hausaufgabe: Wortschatz 11–20
3. Stunde	**Die Vorbereitung einer erfolgreichen Schlacht** – Überprüfung des Wortschatzes mithilfe von Übung 1 und 2 – Vorerschließung des restlichen Lektionstextes mithilfe der Aufgabe 3 zum Lektionstext – Statarische Übersetzung von Z. 8–9, Sicherung der Übersetzung – Sicherung der u-Deklination – Interpretation von Caesars Selbstdarstellung gemäß Aufgabe 5 zum Lektionstext – Hausaufgabe: Wortschatz 21–25, Übung 5
4. Stunde	**Die Anfeuerung der Kameraden durch das persönliche Vorbild** – Überprüfung der Hausaufgaben – Wiederholung der Kasus mithilfe von Übung 8 – Übersetzung des restlichen Lektionstextes, Sicherung der Übersetzung – Sicherung der Personalendungen des Perfekts – Interpretation des Verhaltens des *aquilifer* als *exemplum* mithilfe von Aufgabe 4 zum Lektionstext – Hausaufgabe: Wortschatz 26–35
5. Stunde	**Vertiefung der Sprachkompetenz** – Wiederholung der Personalendungen mithilfe von Übung 9 – Individuelles Üben und Vergleichen der Aufgaben 3–5, 10–12 – Hausaufgabe: Übung 7
6. Stunde	**Vertiefung der Textkompetenz** – Vergleich der Hausaufgaben – Individuelles Üben und Vergleichen der Aufgaben 13–16
7. Stunde	**Didaktische Reserve** für weitere Übungen oder inhaltliche Vertiefungen

Lektion 6

> **Themensequenz:** Römischer Imperialismus am Beispiel von Caesars Invasion Britanniens
>
> **Lektionsthema:** Britannien: besiegt, aber nicht erobert
>
> **Grammatik:** Imperfekt; Plusquamperfekt
>
> **Kultur:** Britannien in römischer Zeit

Inhalt und Zielsetzung des Lektionstexts

Nach intensiven Auseinandersetzungen ziehen sich die Britannier so rasch zurück, dass die römischen Reiter ihnen nicht nachsetzen können. Letztlich bleibt den Römern nur der Rückzug von der Insel, die sie nicht einnehmen konnten.

Tipps zum Einstieg

Inhaltlich bricht der Lektionstext von Lektion 5 an der spannendsten Stelle ab. Die Schüler wollen wissen, ob der Adlerträger seine Kameraden mitreißt oder Opfer von Naturgewalten bzw. Galliern wird. Entsprechend lassen sich Hypothesen aufstellen, die anhand des lateinischen Textes untersucht werden.

In sprachlicher Hinsicht lassen die Einstiegssätze auf S. 38 das -ba- in seiner Position zwischen Präsensstamm und Personalendung des Präsens sowie die Imperfektendung des Hilfsverbums *esse,* angefügt an einen Perfektstamm, Hypothesen zu den neuen Verbformen zu. Gerade der Begriff des plus-quam-perfectum wird rasch am Bildeprinzip dieses Tempus nachvollzogen.

Vorschläge zur Sequenzplanung

1. Stunde	*Romani diu pugnabant* – Einführung der Formen und Funktionen des Imperfekts und Plusquamperfekts
	– Einführung der Formen des Imperfekts und Plusquamperfekts mithilfe der Einstiegssätze
	– Vorerschließung des gesamten Lektionstextes mithilfe der Vorerschließungsaufgabe 1
	– Übersetzung von Z. 1–3, Sicherung der Übersetzung
	– Sicherung der Formen des Imperfekts und Plusquamperfekts
	– Hausaufgabe: Wortschatz 1–7, Informationstext S. 39
2. Stunde	*Auxilium mittebat* – Caesar bewahrt den Durchblick
	– Sicherung des deklarativen Wissens mithilfe der Übung 9
	– Erstellen eines Tempusprofils für den Lektionstext
	– Übersetzung des Lektionstextes Z. 4–8, anschließend Sicherung
	– Vergleich der militärischen Ausgangslage
	– Hausaufgabe: Wortschatz 8–14, Übung 10
3. Stunde	*Hoc unum ad pristinam fortunam Caesari defuit?* – Eine gescheiterte Eroberung Britanniens?
	– Vergleich der Hausaufgabe
	– Abschluss und Sicherung der Übersetzung des Lektionstextes
	– Interpretation des Erfolgs von Caesars Invasion; Stellungnahme zur Überschrift des Lektionstextes (Aufgabe 4)
	– Hausaufgabe: Wortschatz 15–29
4. Stunde	Vertiefung der Sprachkompetenz
	– Einstieg mit Übung 1
	– Individuelles Üben mithilfe der Übungen 2–8
	– Hausaufgabe: Übung 15–16
5. Stunde	Vertiefung der Sprachkompetenz
	– Vergleich der Hausaufgaben
	– Individuelles Üben und Vergleichen der Aufgaben 11–14
	– Hausaufgabe: Übung 17–18
6. Stunde	**Didaktische Reserve** für weitere Übungen oder inhaltliche Vertiefungen

Lektion 7

Themensequenz: Römische Provinzverwaltung am Beispiel des Verres (Cicero)

Lektionsthema: Staatliche Tempelräuber

Grammatik: Einführung des AcI

Kultur: Römische Götterverehrung

Inhalt und Zielsetzung des Lektionstexts

Cicero klagt Verres wegen Amtsmissbrauchs an; Verres soll den Ortsvorstand Sopater als Druckmittel mitten im Winter unbekleidet an ein Standbild aus Erz haben fesseln lassen. Um seinen Tod und mögliche göttliche Strafen zu vermeiden, habe das Volk den Senat der Stadt Tyndaris aufgefordert, Verres das gewünschte Standbild auszuliefern.

Tipps zum Einstieg

Den inhaltlichen Schwerpunkt der Lektion bildet der Amtsmissbrauch des Verres auf Sizilien, der sich in – selbst für römische Verhältnisse – unverschämter Weise in seiner Amtszeit bereichert hat. Beispiele aus der Gegenwart für Selbstherrlichkeit und Machtmissbrauch in Politik, Sport und Wirtschaft gibt es noch heute in großer Anzahl und können als Ausgangspunkt genommen werden, um zu diskutieren, wer wo welche Untaten begangen hat – und offensichtlich gar kein Schuldgefühl hat oder Schuldbewusstsein zeigt. Das Verhalten heutiger Diktatoren zeigt, dass immer noch das Leben von Menschen ebenso wenig geschont wird wie deren Besitz.

Den sprachlichen Schwerpunkt bildet der AcI als ganz herausragende satzwertige Konstruktion. Dass der AcI einer besonderen Analyse bedarf, um ihn adäquat ins Deutsche zu übersetzen, verdeutlichen die Einstiegssätze. *Homines vident Ciceronem venire* lässt sich auch ohne Objektsatz übersetzen, *Homines dicunt Ciceronem venire* hingegen nicht. Neben der Übersetzung mit einem »dass-Satz« kann auch der Konjunktiv in der deutschen Sprache thematisiert werden.

In Abhängigkeit von den sprachlichen Vorkenntnissen der Schüler ist ein Transfer zum Englischen interessant: *The people want Cicero to come.* Dies zeigt, dass sprachliche Strukturen des Lateinischen noch immer zu finden sind.

Vorschläge zur Sequenzplanung

1. Stunde	*Homines vident Ciceronem venire* – **Einführung des AcI als satzwertige Konstruktion**
	– Einführung des AcI und seiner Übersetzung mithilfe der Einstiegssätze
	– Vorerschließung des gesamten Lektionstextes mithilfe der Vorerschließungsaufgabe 2
	– Übersetzung der gesammelten AcI
	– Sicherung einer Regel zum Erkennen und Übersetzen von AcI
	– Hausaufgabe: Informationstext S. 42 f.
2. Stunde	*Vivum te non relinquo* – **Verres als Beispiel eines skrupellosen Provinzstatthalters**
	– Absicherung des deklarativen Wissens zu *verba dicendi* mithilfe der Übung 11
	– Mindmapping zu Formen und Indikatoren von Machtmissbrauch in der Gegenwart anhand der Vorerschließungsaufgabe 1
	– Übersetzung des Lektionstextes Z. 1–7, Sicherung der Übersetzung
	– Historische Kommunikation zu Machtmissbrauch
	– Hausaufgabe: Wortschatz 1–10
3. Stunde	*Quo cruciatu!* – **Die Bestrafung des Sopater**
	– Absicherung des AcI mithilfe der Übung 9
	– Übersetzung und Sicherung des Lektionstextes Z. 8–15
	– Hausaufgabe: Wortschatz 11-20
4. Stunde	*Ciceros rhetorische Gestaltung der Anklage*
	– Zusammenfassen/Paraphrase des bisher übersetzten Textes
	– Übersetzung und Sicherung des Lektionstextes Z. 15b–19
	– Interpretation der sprachlich-stilistischen Gestaltung von Ciceros Rede gemäß Interpretationsaufgabe 4
	– Hausaufgabe: Wortschatz 21–30
5. Stunde	**Römer und Religio: Weshalb gaben die Siculer nach?**
	– Einstieg mit dem Informationstext S. 45
	– Übersetzung und Sicherung des restlichen Lektionstextes
	– Erarbeitung von *religio* und *vindicta* als antike Handlungsmotiv
6. Stunde	**Vertiefung der Sprachkompetenz**
	– Einstieg mit Übung 1 zur Überprüfung der Sprachkompetenz
	– Individuelles Üben und Vergleichen der Übungen 2–8
	– Hausaufgabe: Übung 10
7. Stunde	**Vertiefung der Sprach- und Textkompetenz**
	– Vergleich der Hausaufgaben
	– Individuelles Üben und Vergleichen der Übungen 12–15

Lektion 8

Themensequenz: Römische Provinzverwaltung am Beispiel des Verres (Cicero)

Lektionsthema: Gavius: Ich bin ein römischer Bürger!

Grammatik: AcI – Teil 2 (*se*, Infinitiv Perfekt); *is, ea, id; ire*

Kultur: Römisches Bürgerrecht

Inhalt und Zielsetzung des Lektionstexts

Cicero erzählt als Höhepunkt der Anklage den Fall des Gavius: Er wurde von Verres einfach wie ein Sklave gekreuzigt, obwohl er als römischer Bürger Anspruch auf Berufung vor der Volksversammlung in Rom gehabt hätte.

Tipps zum Einstieg

Um die Verbrechen eines Verres einordnen zu können, bietet es sich an, im Einstieg zwischen Bürger- und Menschenrechten zu differenzieren bzw. zugleich zu verdeutlichen, dass in der Antike Menschenrechte allerhöchstens ein philosophisches Thema waren – wie z. B. die Existenz von Sklaverei belegt.

Misshandlungen – auch von Bürgern – finden selbst in der Gegenwart noch statt, vor allem dort, wo sich diktatorische Regime durch drakonische Strafmaßnahmen an der Macht halten. Viele geben lieber alles auf und flüchten gerade nach Deutschland, weil sie dort politisches Asyl zu finden hoffen. Teilweise bedarf es einer internationalen Intervention, um einen Regimewechsel herbeizuführen, um in dessen Folge die Schuldigen vor einen internationalen Gerichtshof zu bringen. Entsprechende aktuelle Beispiele können einen Ausgangspunkt für eine problemorientierte Erarbeitung darstellen. U. U. können Referate verteilt werden, um besonders mithilfe des Grundgesetzes nach den Grundrechten in Deutschland zu recherchieren.

Als sprachlich-grammatikalischer Einstieg könnte die geringere Differenzierung in der deutschen Sprache dienen: »Maria sagt Charlotte, dass sie sich zu lange geschminkt habe«. Nicht klar ist, wer sich zu lange geschminkt hat. Hier ist die lateinische Sprache dank des Reflexivpronomens genauer; und dieses grammatikalische Problembewusstsein führt zu den Einstiegssätzen.

Vorschläge zur Sequenzplanung

1. Stunde	*Cicero dicit se venire* – **Einführung des Reflexivpronomens im AcI**
	– Hypothesenbildung zur Funktion von *se* mithilfe der Einstiegssätze
	– Erschließung der Z. 1–5 durch Klärung des Bezugs von *se*
	– Übersetzung und Sicherung von Z. 1–5
	– Sicherung einer Regel zur Reflexivität im AcI
	– Hausaufgabe: Wortschatz 1–9
2. Stunde	*Iniit, inisse* – **Einführung der Vorzeitigkeit im AcI**
	– Absicherung des deklarativen Wissens zur Reflexivität mithilfe der Übung 9
	– Erschließung des Textes nach Erzählabschnitten gemäß Erschließungsaufgabe 2
	– Übersetzung des Lektionstextes Z. 6–9, anschließend Sicherung
	– Sicherung der Form und Funktion des Infinitiv Perfekt
	– Sicherung der Formen von *ire*
	– Hausaufgabe: Wortschatz 10–19
3. Stunde	*Ardebant oculi* – **Ciceros Darstellung des Verres als Verbrecher**
	– Wiederholung der Zeitverhältnisse mithilfe der Übung 11
	– Erschließung nach den Charaktereigenschaften des Verres
	– Übersetzung und Sicherung Z. 10–14
	– Hausaufgabe: Wortschatz 20–24, Übung 12
4. Stunde	*Civis Romanus sum*! **Das römische Bürgerrecht als Privileg und Last**
	– Vergleich der Hausaufgaben
	– Sicherung der Vorzüge des römischen Bürgerrechts mithilfe des Informationstextes S. 49
	– Übersetzung und Sicherung des restlichen Lektionstextes
	– Sicherung der Formen von *is, ea, id*
	– Interpretation von Verres' Verhalten als Rechtsbruch
	– Hausaufgabe: Wortschatz 25–30
5. Stunde	**Recht und Rhetorik – die sprachlich-stilistische Gestaltung der Anklage**
	– Einstieg mit Übung 7 zur Überprüfung der Sprachkompetenz
	– Erarbeitung der Leserlenkung durch Analyse Z. 18–21 (Interpretationsaufgabe 3)
	– Beurteilung der Zuhörer (Interpretationsaufgabe 4)
	– Hausaufgabe: Übungen 13 und 14
6./7. Stunde	**Vertiefung der Sprach- und Textkompetenz**
	– Individuelles Üben und Vergleichen der Übungen 1–6, 8, 10, 12–16

Lektion 9

Themensequenz: Römische Mythologie am Beispiel Ovids

Lektionsthema: Europa und der Stier

Grammatik: Relativsätze und relativische Verschränkung

Kultur: Das Götterbild der Antike

Inhalt und Zielsetzung des Lektionstexts

Jupiter nimmt die Gestalt eines Stieres an, um die junge Europa aus ihrer Heimat zu entführen. Damit erfüllt er zahlreiche Kriterien des anthropomorphen Götterbildes: Er ist bereit, seine Ehe mit Juno zu brechen, er nimmt je nach Bedarf die Gestalt eines Menschen oder Tieres an, um seine Ziele zu erreichen, und er verfügt über übermenschliche Fähigkeiten.

Tipps zum Einstieg

Der kompetente Umgang bei der Übersetzung von Relativsätzen hängt auch vom Sprachgefühl in der deutschen Sprache ab. In der Regel werden Relativsätze im Deutschen richtig gebildet, auch ohne zu reflektieren, dass nur Numerus und Genus mit dem Bezugswort übereinstimmen müssen. Falls dennoch eine weitergehende Sensibilisierung erforderlich erscheint, bietet es sich an, z. B. aus dem Informationstext zu Ovid S. 52 f. einen Kurztext mit Relativsätzen in deutscher Sprache zu schreiben, aber die Relativpronomina zum Einfüllen unter den Text zu schreiben.

Alternativ lässt sich das grammatikalische Problem auch leicht durch die Einstiegssätze erfassen. Das Adjektiv *pulchra* lässt erkennen, dass *quae* feminin sein muss und dass die Pronomina offenkundig im Nominativ nicht der a-/o-Deklination folgen.

Vorschläge zur Sequenzplanung

1. Stunde	Das anthropomorphe Götterbild der Antike am Beispiel Jupiters
	– Erarbeitung der Form und Funktion des Relativpronomens am Beispiel der Einstiegssätze (ggf. Ergänzung aller Formen mithilfe der Grammatik)
	– Erschließung des Lektionstextes nach Absätzen (Erschließungsaufgabe 1)
	– Sicherung der Relativpronomina
	– Lektüre des Informationstextes S. 55
	– Hausaufgabe: Lektüre des Informationstextes zu Ovid S. 52 f.
2. Stunde	Europa und der Stier – Die Exposition des Mythos
	– Absicherung des deklarativen Wissens zu den Relativpronomina mithilfe der Übung 6
	– Übersetzung des Lektionstextes Z. 1–5, anschließend Sicherung
	– Vertiefung der Relativpronomina mithilfe von Übung 7
	– Hausaufgabe: Wortschatz 1–10
3. Stunde	*Maiestas et amor* – Jupiters Verwandlung in einen Stier
	– Einstieg mit einer Wortschatzübung (Übung 1)
	– Erschließung nach Beschreibung des Gottes bzw. des Stiers (Erschließungsaufgabe 2)
	– Übersetzung und Sicherung Z. 6–10
	– Hausaufgabe: Wortschatz 11–22
4. Stunde	*Europae ea placent* – Die Zuneigung des Mädchens zu einem göttlichen Stier
	– Einstieg mit einer Sachfeldübung (Übung 2)
	– Übersetzung und Sicherung Z. 11–14
	– Hausaufgabe: Wortschatz 23–27, Übung 5
5. Stunde	*Qui cum virgine abit* – die Entführung der Europa als Ausdruck göttlicher Selbstgerechtigkeit
	– Vergleich der Hausaufgaben
	– Übersetzung und Sicherung des restlichen Lektionstextes
	– Sicherung des relativischen Satzanschlusses
	– Interpretation des göttlichen Handelns und der menschlichen Machtlosigkeit (Interpretationsaufgaben 3 und 4)
	– Hausaufgabe: Wortschatz 28–34, Übung 8
6. Stunde	Vertiefung der Sprach- und Textkompetenz
	– Vergleich der Hausaufgaben
	– Individuelles Üben und Vergleichen der Übungen 3, 4, 9
	– Hausaufgabe: Übung 10
7. Stunde	Vertiefung der Sprach- und Textkompetenz
	– Vergleich der Hausaufgaben
	– Individuelles Üben und Vergleichen der Übungen 11–13

Lektion 10

> **Themensequenz:** Römische Mythologie am Beispiel Ovids
>
> **Lektionsthema:** Daedalus und Ikarus
>
> **Grammatik:** Adverbien, Steigerung von Adjektiven und Adverbien
>
> **Kultur:** Rezeption und Zeitgeschmack

Inhalt und Zielsetzung des Lektionstexts

Aus Heimweh fertigt der geniale Handwerker Daedalus für sich und seinen Sohn Ikarus Flügel an, um damit der Herrschaft des kretischen Königs Minos zu entkommen. Allerdings missachtet Ikarus – vermutlich aus pubertärem Leichtsinn – die Flugvorschriften seines Vaters und stürzt in den Tod.

Tipps zum Einstieg

Obwohl die Komparation von Adjektiven und Adverbien grammatikalisch eher leicht ist, gibt es zahlreiche Verwechslungsmöglichkeiten. Zum einen ist der Unterschied zwischen den beiden Phänomenen auch in der deutschen Sprache nicht immer hinreichend klar, zum anderen wird die Adverb-Endung *-iter* häufig dem Komparativ zugeordnet. Gerade wegen des ersten Punktes sollte darauf geachtet werden, dass den Schülern etwa der Unterschied zwischen einem »schnellen Stier« und »der Stier läuft schnell« klar ist.

Bei Verwendung der Einstiegssätze ist eindeutig, dass Daedalus seinen Sohn in gewichtiger Weise anspricht, nicht jedoch selber von hohem Körpergewicht ist, sodass die Endung *-iter* als Kennzeichen des Adverbs gedeutet wird.

Vorschläge zur Sequenzplanung

1. Stunde	*Daedalus perosus graviter dixit* – **Einführung des Adverbs im Zusammenhang mit der Charakterbeschreibung des Daedalus** – Hypothesenbildung zur Form und Funktion des Adverbs und der Komparationen von Adjektiv und Adverb mithilfe der Einstiegssätze – Gliederung des Lektionstextes nach den Subjekten (Erschließungsaufgabe 1) – Übersetzung und Sicherung von Z. 1–3 – Sicherung einer Regel zur Bildung und Übersetzung des Adverbs – Hausaufgabe: Wortschatz 1–7
2. Stunde	*Naturam novat* – **Die Hybris des Daedalus** – Erschließung des Textes nach den Handlungen von Daedalus und Icarus (Erschließungsaufgabe 1.2) – Übersetzung des Lektionstextes Z. 4–6, anschließend Sicherung – Sicherung der Form des Komparativs – Interpretation des Flügelbaus als Zeichen von Daedalus' Hybris (Interpretationsaufgabe 3.1) – Hausaufgabe: Wortschatz 8–13
3. Stunde	*Puer Icarus propius stabat* – **Icarus zwischen kindlicher Naivität und pubertärem Aufbegehren** – Definition des Alters von Icarus mithilfe des Informationstextes und der Abbildung S. 59 – Übersetzung und Sicherung Z. 7–10 – Vergleich mit dem Lebensalter nach Ovids Darstellung (Interpretationsaufgabe 3.3) – Hausaufgabe: Wortschatz 14–19
4. Stunde	*Filio carissimo* – **War Daedalus ein liebender Vater?** – Einstieg mit der Absicherung des deklarativen Wissens zur Sprachkompetenz (Übung 2) – Übersetzung und Sicherung des Lektionstextes Z. 11–13 – Sicherung der Formen des Superlativs – Beurteilung der Vaterrolle des Daedalus (Interpretationsaufgabe 3.2) – Hausaufgabe: Wortschatz 20–25
5. Stunde	*Sed puer coepit gaudere* – **Absturz und Tod des Icarus** – Einstieg mit Aufgabe zur Überprüfung der Sprachkompetenz (Übung 3) – Übersetzung und Sicherung Z. 14–20 – Interpretation der didaktischen Funktion von Mythen am Beispiel des Absturzes des Icarus (Interpretationsaufgabe 4) – Hausaufgabe: Wortschatz 26–31, Übung 10
6./7. Stunde	**Vertiefung der Sprach- und Textkompetenz** – Vergleich der Hausaufgaben – Individuelles Üben und Vergleichen der Übungen 4–9, 11–17

Lektion 11

Themensequenz: Vergil: Aeneas als Vorfahre der Römer

Lektionsthema: Der Untergang Trojas

Grammatik: Konjunktive im Nebensatz (Konjunktiv Imperfekt und Plusquamperfekt)

Kultur: Der Trojanische Krieg

Inhalt und Zielsetzung des Lektionstexts

Leichtsinnigerweise schenken die Trojaner aus Freude über den wiederhergestellten Frieden den Worten ihres Priesters Laokoon keine Beachtung und bringen das hölzerne Pferd in ihre Stadt. In der Nacht steigen griechische Soldaten aus dem Pferdeinneren, lassen ihre Gefährten ein und zerstören Troja. Aeneas gelingt mit seinem Sohn und seinem Vater die Flucht, verliert aber seine Frau.

Tipps zum Einstieg

Die zeitlose Faszination des Mythos von Troja zeigt sich in einer vielfältigen Rezeption, so zuletzt in Petersens Film »Troja« aus dem Jahr 2004, ferner im Phänomen von Trojanern auf der Computerfestplatte oder in traditionellen Mythensammlungen für Jugendliche.

In der Regel sind Odysseus, Helena und Paris als Hauptpersonen bekannt, Aeneas eher nicht. Wenn man als historischen Einstieg allerdings die Abbildung auf S. 65 wählt, stellen Schüler aber erfahrungsgemäß die Hauptstränge des Mythos in Bezug auf Trojas Zerstörung hinreichend dar. Da es im Lektionstext vor allem auf den Untergang Trojas ankommt, reicht es aus, entsprechende Vermutungen bzw. Kenntnisse zu notieren, um sie in Erschließungsaufgabe 1 mit dem Textmaterial abzugleichen. Die Zielspannung besteht darin, zu erkunden, wie die Trojaner als Verlierer des Krieges ihre Heimat verlassen und mit dem Zwischenziel Karthago in der folgenden Lektion schließlich nach Italien gelangen, was gemäß antiker Tradition zur Gründung Roms führt.

Der Übersetzung sollten die beiden Einstiegssätze vorangestellt werden, um zu verdeutlichen, dass zum einen die Konjunktive des Imperfekt und Plusquamperfekt formal sehr leicht durch die Kenntnisse der Infinitive des Präsens und Perfekt erkannt werden können, zum anderen durch die Einleitung mittels Subjunktionen wie *ut, ne* oder *cum* aber trotzdem im Nebensatz keine dem Deutschen vergleichbare Funktion haben.

Vorschläge zur Sequenzplanung

1. Stunde	**Das hölzerne Pferd als Kriegslist – Einführung von Konjunktiv Imperfekt und Plusquamperfekt im Nebensatz** – Sicherung der Kenntnisse zum Mythos von Troja – Analyse von Formen und Funktion des Konjunktivs Imperfekt und Plusquamperfekt anhand der Einstiegssätze – Vorerschließung des Lektionstextes und Zusammenstellung der Konjunktivformen, Erschließungsaufgabe 2 – Übersetzung und Sicherung von Z. 1–4 – Hausaufgabe: Wortschatz 1–8; Informationstext S. 62 f.
2. Stunde	**Die Trojaner zwischen Friedenssehnsucht und Leichtgläubigkeit** – Wiederholung der Formenkenntnisse des Konjunktivs Imperfekt (Übung 7) – Vorerschließung des Lektionstextes (Erschließungsaufgabe 1) – Übersetzung von Z. 5–10 – Sprachlich-stilistische Interpretation des Verhaltens der Trojaner (Interpretationsaufgabe 3) – Hausaufgabe: Wortschatz 9–20
3. Stunde	**Das Trojanische Pferd: ein Trojaner?** – Wiederholung der Formen des Konjunktivs Plusquamperfekt (Übung 8) – Hypothesenbildung zum Trojaner als eingeschleustes Virus in ein Computersystem – Übersetzung und Sicherung des Lektionstextes von Z. 11–14 – Historische Kommunikation durch Problematisierung des Trojanerbegriffs – Hausaufgabe: Wortschatz 21–23; Übungen 1 und 2
4. Stunde	*Fugimus per campos* – **Aeneas als flüchtender Gründungsheld des römischen Volkes** – Vergleich der Hausaufgaben – Übersetzung und Sicherung des Lektionstextes Z. 15–20 – Historische Kommunikation zu Fluchtursachen in Antike und Gegenwart – Einführung des Stilmittels Enallage (Interpretationsaufgabe 4) – Hausaufgabe: Wortschatz 24–31
5. Stunde	**Vertiefung der Sprach- und Textkompetenz** – Vergleich der Hausaufgaben – Individuelles Üben und Vergleichen der Übungen 3–6, 9–10 – Hausaufgabe: Übung 11
6. Stunde	**Vertiefung der Sprach- und Textkompetenz** – Vergleich der Hausaufgaben – Individuelles Üben und Vergleichen der Übungen 12–15 – Hausaufgabe: Übung 16

Lektion 12

> Themensequenz: Vergil: Aeneas als Vorfahre der Römer
>
> Lektionsthema: Aeneas und Dido
>
> Grammatik: Konjunktive im Nebensatz (Konjunktiv Präsens und Perfekt)
>
> Kultur: Aeneas und Dido – Erbfeindschaft statt Liebesgeschichte

Inhalt und Zielsetzung des Lektionstexts

Auf seiner Flucht erreicht Aeneas die Königin Dido, die ihn in Karthago freundlich aufnimmt. Die Beziehung entwickelt sich dank wechselseitiger Liebe bis hin zur Hochzeit; allerdings zwingen die Götter Aeneas, nach Italien weiterzureisen. Die verzweifelte Dido gerät in Wut, die Wurzel der karthagischen Erbfeindschaft.

Tipps zum Einstieg

Der Lektionstext führt inhaltlich die Flucht des Aeneas fort und reißt an, wie es nach Meinung römischer Schriftsteller durch Didos Verwünschungen zur karthagischen Erbfeindschaft gekommen ist. Während sich Dido durch Aeneas' Versprechungen getäuscht sieht, stellt sich für die Römer die Frage vollkommen anders: Weil die Götter Aeneas die Weisung gegeben hatten, nach Italien weiterzureisen, musste er in Erfüllung seiner *pietas* ihrem Willen folgen.

Insofern lassen sich inhaltlich historische Vergleiche zur Aufnahme von Migranten ziehen; die Karthager sind nicht nur bereit, die Flüchtlinge bei sich aufzunehmen. Mit ihrer Ehe integriert Dido sogar die trojanische Führungsschicht.

Das Verhalten des Aeneas mag undankbar erscheinen; aber es bietet die Gelegenheit, über die Hierarchisierung von ethischen Normen nachzudenken (s. auch das Rondogramm auf S. 70 zur Frage, wie der Begriff der *pietas* ins Deutsche übertragen werden könnte).

Grammatikalisch wird die Beschäftigung mit dem Konjunktiv fortgeführt. Dabei wird in sprachkontrastiver Arbeit die Frage geklärt werden müssen, wie der Konjunktiv bei indirekten Fragen zu übersetzen ist. Hierzu bieten sich die Einstiegssätze an; im ersten Satz liegt die Übersetzung mit einem erweiterten Infinitiv nahe, im zweiten die Verwendung des Konjunktivs Präsens.

Vorschläge zur Sequenzplanung

1. Stunde	**Didos Rasen: eine Folge verschmähter Liebe – Einführung von Konjunktiv Präsens und Perfekt im Nebensatz**
	– Analyse und Sicherung von Formen und Funktion des Konjunktivs Präsens und Perfekt im Nebensatz anhand der Einstiegssätze
	– Zusammenstellen der Konjunktivformen in Z. 1–9
	– Vorerschließung des Lektionstextes nach Didos Gefühlen (Erschließungsaufgaben 1, 2)
	– Übersetzung und Sicherung von Z. 1–4
	– Hausaufgabe: Wortschatz 1–8; Informationstext S. 69
2. Stunde	**Didos Vorwürfe gegenüber Aeneas als Anbahnung der karthagischen Erbfeindschaft**
	– Wiederholung der Formenkenntnisse des Konjunktivs Präsens (Übung 5)
	– Übersetzung und Sicherung von Z. 5–9
	– Sprachlich-stilistische Analyse von Didos Rede (Interpretationsaufgabe 3)
	– Hausaufgabe: Wortschatz 9–21
3. Stunde	*Neque ego consilium cepi* **– die Verteidigungsrede des Aeneas**
	– Wiederholung der Formenkenntnisse des Konjunktivs Präsens (Übung 6)
	– Vorerschließung der Antwort des Aeneas nach Konjunktivformen
	– Übersetzung und Sicherung des Lektionstextes von Z. 10–14
	– Sprachlich-stilistische Analyse von Aeneas' Entgegnung (Interpretationsaufgabe 3)
	– Hausaufgabe: Wortschatz 22–23; Übungen 1 und 2
4. Stunde	**Aeneas als Beispiel für** *pietas*!?
	– Vergleich der Hausaufgaben
	– Übersetzung und Sicherung des Lektionstextes Z. 15–18
	– Beurteilung der *pietas* des Aeneas (Interpretationsaufgabe 4)
	– Hausaufgaben: Wortschatz 24–27, Übung 3
5. Stunde	**Vertiefung der Sprach- und Textkompetenz**
	– Vergleich der Hausaufgaben
	– Individuelles Üben und Vergleichen der Übungen 4, 7–9
	– Hausaufgabe: Übung 11
6. Stunde	**Vertiefung der Sprach- und Textkompetenz**
	– Vergleich der Hausaufgaben
	– Individuelles Üben und Vergleichen der Übungen 10, 12–13

Lektion 13

> Themensequenz: Livius und die römische Frühgeschichte
>
> Lektionsthema: Die Gründung Roms
>
> Grammatik: Partizip der Gleichzeitigkeit Aktiv; Participium coniunctum (PC)
>
> Kultur: Antike Geschichtsschreibung

Inhalt und Zielsetzung des Lektionstexts

Gewaltakte prägen bereits den Beginn der römischen Geschichte: Numitor vertreibt seinen Bruder Amulius von der Königsherrschaft und zwingt dessen Tochter, jungfräuliche Priesterin der Vesta zu werden. Doch nach der Vergewaltigung durch Mars bringt Rhea Silvia Zwillinge zur Welt. Da sie ausgesetzt und nicht getötet werden, treiben sie auf dem Tiber, bis sie erst von einer Wölfin genährt, dann von Faustulus großgezogen werden.

Als Jugendliche wollen sie eine Stadt gründen; die Wahl des Ortes und die Enttäuschung des unterlegenen Remus führen zum Brudermord des Romulus. Damit lastet eine große moralische Schuld auf der Monarchie.

Tipps zum Einstieg

Die Person des Romulus ist in der römischen Historiographie unterschiedlich gedeutet worden. Neben der Stadtgründung hat er mit dem Brudermord und dem Raub der Sabinerinnen Taten begangen, die fraglos moralisch verwerflich waren und auch von den antiken Historikern mit den Notlagen des noch jungen Staates verteidigt wurden.

Wenngleich Romulus eine literarische Fiktion ist, so hat er für die späte Republik große Bedeutung gewonnen. Denn so wie einst Romulus Rom gegründet

haben soll, galt Augustus als neuer Romulus, der dem neu begründeten Staat eine neue Ordnung gab.

Grammatikalisch neu ist für die Lerngruppe das Partizip der Gleichzeitigkeit Aktiv und das PC, grammatikalische Phänomene, die sich zudem in großer Anzahl in historiographischen Texten finden.

Zu erwägen ist, das Partizip zunächst in der deutschen Sprache zu thematisieren. Als Mittelwort zwischen Verb (»fliegen«, »werfen«) und Adjektiv (»grün«) ist es zwar in der Regel eingeführt worden, jedoch sind die Unterschiede zwischen Gleichzeitigkeit (»der fliegende Ball«) und Vorzeitigkeit (»der geworfene Ball«) nicht in jedem Fall präsent.

Die Einstiegssätze verdeutlichen neben dem Kennzeichen -ns/-nt- in der Handlung *pueros clamantes* auch die Gleichzeitigkeit: Die Wölfin kann die Kinder nur hören, während sie schreien.

Nach der Einführung des Phänomens notieren sich die Schüler Stichpunkte aus dem Informationstext auf S. 72 f., um sie mit den Inhalten des Lektionstextes abzugleichen. Nachdem sie durch dieses transphrastische Vorgehen ein inhaltliches Gesamtverständnis gewonnen haben, werden die Sätze auf phrastischer Ebene nach satzwertigen Konstruktionen untersucht.

Von Anfang an sollten die Schüler ermutigt werden, die Partizipien zwar gleichzeitig, aber in unterschiedlicher Weise zu übersetzen, um eine möglichst wirkungsgerechte und abwechslungsreiche Übersetzung zu unterstützen.

Vorschläge zur Sequenzplanung

1. Stunde	**Romulus und Remus – Der Mythos einer Stadtgründung** – Analyse und Sicherung von Formen des Partizips der Gleichzeitigkeit Aktiv und Übersetzungsmöglichkeiten anhand der Einstiegssätze – Erstellen von Stichpunkten zur Stadtgründung mithilfe des Informationstextes S. 72 – Transphrastische Vorerschließung des Lektionstextes mithilfe der Stichpunkte (Erschließungsaufgabe 1) – Sicherung der Ergebnisse – Hausaufgabe: Grammatikalische Vorerschließung (Erschließungsaufgabe 2)
2. Stunde	**Vergewaltigung, Mordplan, Aussetzung – Gewalt(tät)ige Voraussetzungen für die Kindheit** – Vergleich der Hausaufgaben, ggf. exemplarisches Übersetzen – Übersetzung und Sicherung von Z. 1–7 – Hausaufgabe: Wortschatz 1–10, Informationstext S. 75
3. Stunde	***Fama est* – Historiographie und Mythographie am Beispiel der Kindheit von Romulus und Remus** – Besprechen der Hausaufgabe – Übersetzung und Sicherung des Lektionstextes von Z. 8–12 – Hausaufgabe: Wortschatz 11–16
4. Stunde	***Certamen erat* – Stadtgründung im Wettstreit** – Einstieg mit Übung 1 – Übersetzung und Sicherung des Lektionstextes Z. 13–15 – Vertiefung der Sinnrichtungen des PC (Übung 7) – Hausaufgaben: Wortschatz 17–21, Übung 8
5. Stunde	**Brudermord: *Fama* oder *factum*?** – Vergleich der Hausaufgaben – Übersetzung und Sicherung des Lektionstextes Z. 16–20 – Evaluation der Glaubwürdigkeit antiker Historiographie (Interpretationsaufgabe 3) – Hausaufgabe: Wortschatz 22–29, Übung 6
6. Stunde	**Vertiefung der Sprach- und Textkompetenz** – Vergleich der Hausaufgaben – Individuelles Üben und Vergleichen der Übungen 2–5 – Hausaufgabe: Übung 12
7. Stunde	**Vertiefung der Sprach- und Textkompetenz** – Vergleich der Hausaufgaben – Individuelles Üben und Vergleichen der Übungen 9–11, 13

Lektion 14

> **Themensequenz:** Livius und die römische Frühgeschichte
>
> **Lektionsthema:** Lucretia
>
> **Grammatik:** Ablativus absolutus mit Partizip der Gleichzeitigkeit
>
> **Kultur:** Geschichtsschreibung und Ethik

Inhalt und Zielsetzung des Lektionstexts

Tarquinius' arrogantes Handeln scheint die Unterlegenheit der Monarchie gegenüber einer Republik der führenden Männer des heimischen Adels zu beweisen: Hemmungslos erpresst er nach einem Abendmahl Lucretia, die Frau des Collatinus, damit sie sich auf sexuelle Kontakte mit ihm einlässt. Sie aber ist eher bereit, ihre Ehre als ihr Leben zu retten, und nimmt sich nach der Vergewaltigung das Leben – nicht ohne Aufforderung an ihren Ehemann, Rache für ihre Schändung zu nehmen.

Tipps zum Einstieg

Für die Entwicklung der römischen Geschichte war die Vergewaltigung der Lucretia ein entscheidendes Ereignis, weil es zur Abschaffung der verhassten Monarchie und zur Einführung einer republikanischen Staatsform führte. Faktische Alleinherrscher wie Augustus mussten stets den Anschein monarchischer Tendenzen vermeiden, wollten sie nicht Caesars Schicksal teilen und einem Attentat zum Opfer fallen. Taten moderner Potentaten liefern zahlreiche Möglichkeiten für eine gewinnbringende historische Kommunikation.

Grammatikalisch wird mit dem Ablativus absolutus ein zentrales grammatikalisches Phänomen eingeführt, dessen Beherrschung für die Erarbeitung originaler lateinischer Texte erforderlich ist. Da diese satzwertige Konstruktion keine unmittelbare Parallele in der deutschen Sprache kennt, ist es sinnvoll, den Lesewiderstand zu antizipieren und vorab die Einstiegssätze zu erarbeiten. Mit der Beschränkung auf das Partizip der Gleichzeitigkeit Aktiv ergibt sich eine für die Lerngruppe transparente Kontinuität zur vorangegangenen Lektion.

Vorschläge zur Sequenzplanung

1. Stunde	*Omnibus cenantibus* – Einführung des Ablativus absolutus als satzwertige Konstruktion
	– Analyse und Sicherung des Ablativus absolutus anhand der Einstiegssätze
	– Zusammenstellen der Partizipialkonstruktionen des Lektionstextes (Erschließungs-aufgabe 2)
	– Vertiefung der Formenkenntnisse (Übung 7)
	– Hausaufgabe: Wortschatz 1–5; Informationstext S. 79
2. Stunde	**Lucretia und Tarquinius – das Ende der Monarchie durch sex und crime**
	– Besprechung der Hausaufgaben
	– Vorerschließung nach Handlungsträgern (Erschließungsaufgabe 1)
	– Übersetzung und Sicherung des Lektionstextes von Z. 1–4
	– Vertiefung der Textkompetenz (Übung 8)
	– Hausaufgabe: Wortschatz 5–9
3. Stunde	*Aliis dormientibus* – die Darstellung des Tarquinius als Verbrecher
	– Einstiegsübung zur Sprachkompetenz (Übung 1)
	– Übersetzung und Sicherung des Lektionstextes von Z. 5–8
	– Formulieren von Regieanweisungen (Interpretationsaufgabe 3)
	– Hausaufgabe: Wortschatz 10–12; Übung 2
4. Stunde	*Lucretia pavida* – Präsentation der Lucretia als vorbildliche Ehefrau
	– Vergleich der Hausaufgaben
	– Übersetzung und Sicherung des Lektionstextes Z. 9–15
	– Charakterisierung des Verhaltens der Lucretia (Interpretationsaufgabe 4)
	– Hausaufgaben: Wortschatz 13–18, Übung 3
5. Stunde	*Ulciscimini!* – Lucretias Forderung als politischer Imperativ
	– Vergleich der Hausaufgaben
	– Übersetzung und Sicherung des Lektionstextes Z. 16–21
	– Sprachlich-stilistische Analyse (Interpretationsaufgabe 5)
	– Hausaufgabe: Wortschatz 19–31
6. Stunde	**Vertiefung der Sprach- und Textkompetenz**
	– Individuelles Üben und Vergleichen der Übungen 4–6, 9
	– Hausaufgabe: Übung 11
7. Stunde	**Vertiefung der Sprach- und Textkompetenz**
	– Vergleich der Hausaufgaben
	– Individuelles Üben und Vergleichen der Übungen 10–13

Lektion 15

Themensequenz: Staatsformen und Krisen

Lektionsthema: Welche Staatsform ist die beste?

Grammatik: Passiv im Präsensstamm: Präsens und Imperfekt; e-Dekl.

Kultur: Verfassungen

Inhalt und Zielsetzung des Lektionstexts

Nachdem Cicero aus der Verbannung zurückgekehrt war, zog er sich vermehrt auf die Schriftstellerei zurück und formulierte in Anlehnung an Platons Politeia die römische Sicht des Idealstaates. Diese lässt er durch Scipio als führenden Kopf des Scipionenkreises verbreiten, da er auch noch zu Ciceros Zeit über große Bekanntheit und Beliebtheit verfügte.

Die Schrift scheint in der Auseinandersetzung mit übermächtigen Kommandogewalten des Pompeius und Caesars entstanden zu sein, die das System der Mischverfassung bedrohten.

Nach Ciceros bzw. Scipios Meinung ist der römische Staat bereits der ideale Staat, da er die besten Elemente aus Demokratie, Aristokratie und Monarchie kombiniere. Damit erweist sich auch Cicero als *homo novus,* der aber dem Denken der etablierten Nobilität treu ergeben ist und damit den Senat als das entscheidende Gremium der Politik zementieren will.

Tipps zum Einstieg

Die Suche nach der besten Staatsform ist zeitlos. Gerade die deutsche Geschichte der letzten beiden Jahrhunderte hat gezeigt, dass unterschiedliche Modelle ausprobiert wurden, die mitunter in die Katastrophe führten. Obwohl die Demokratie in Deutschland wie in vielen Staaten wieder eingerichtet werden konnte, gibt es immer wieder Beispiele dafür, dass durch Missbrauch oder gar durch Zustimmung des Wahlvolkes Diktaturen hervorgehen können.

Inhaltlich ließe sich durch eine Murmelphase oder Mindmapping ein Schülervotum einholen, worin für sie die beste Staatsform besteht, vor allem, welche Elemente sie enthalten müsste.

Grammatikalisch geht es um die Einführung des Passivs, was im Deutschen manchen Schülern Schwierigkeiten bereitet, da Formen von »werden« Präsens Passiv und Futur I Aktiv kennzeichnen können. Daher könnte es in Abhängigkeit von der Lerngruppe zielführend sein, vorab im Deutschen zu klären, wie »werden« verwendet werden kann.

Vorschläge zur Sequenzplanung

1. Stunde	*Scipio rogatur* – Einführung des Passivs im Rahmen eines philosophischen Dialogs
	– Hypothesenbildung zur Verfassung des besten Staates
	– Erarbeitung des Kennzeichens für das Passiv der 3. Pers. Sg. und seiner Übersetzungsmöglichkeiten
	– Grammatikalische Vorerschließung Z. 1–5 nach passivischen Verbformen
	– Übersetzung und Sicherung Z. 1–5
	– Charakterisierung des Dialogs als philosophisches Gespräch (Erschließungsaufgabe 1)
	– Hausaufgabe: Wortschatz 1–7, Informationstext S. 82 f.
2. Stunde	*Nostra res publica!* – Ist der Idealstaat schon da?
	– Besprechung der Hausaufgaben
	– Zusammenstellung der genannten Staatsformen (Erschließungsaufgabe 2)
	– Übersetzung und Sicherung Z. 6–11
	– Sicherung von Formen der e-Deklination
	– Hausaufgabe: Wortschatz 8–12
3. Stunde	*Nullum est perfectum*: Defizite der Staatsformen
	– Absicherung der e-Deklination (Übung 6)
	– Übersetzung und Sicherung des Lektionstextes Z. 12–16
	– Interpretation der überlegenen Stellung Scipios als *princeps civitatis* und Autorität des Gesprächs (Erschließungsaufgabe 3)
	– Hausaufgabe: Wortschatz 13–20
4. Stunde	*Optimus status rei publicae* – die Überlegenheit der römischen Mischverfassung
	– Einstieg mit dem Informationstext S. 85
	– Erschließung des Lektionstextes nach den Kernaussagen (Interpretationsaufgabe 4.1)
	– Übersetzung und Sicherung Z. 16–17
	– Erarbeitung der Überlegenheit der römischen Mischverfassung durch Anfertigen eines Verfassungskreislaufs (Interpretationsaufgabe 4.2)
	– Hausaufgabe: Wortschatz 21, Rechercheübung zum Grundgesetz der Bundesrepublik Deutschland und Vergleich mit der römischen Republik (Interpretationsaufgabe 4.3)
5.–7. Stunde	Vertiefung der Sprachkompetenz
	– Vergleich der Hausaufgaben
	– Individuelles Üben

Lektion 16

> **Themensequenz:** Staatsformen und Krisen
>
> **Lektionsthema:** Agrarreform und Bürgerkrieg
>
> **Grammatik:** Passiv im Perfektstamm: Perfekt und Plusquamperfekt
>
> **Kultur:** Konsuln, Volkstribunen und *libertas*

Inhalt und Zielsetzung des Lektionstexts

Während der Agitation der Gracchen entstanden die politischen Richtungen der Optimaten und der Popularen. Die Optimaten sahen den Senat als das entscheidende Gremium an; die Popularen hingegen setzten ihre Interessen mithilfe geschickter Volkstribunen und der Volksversammlung durch, wenn sich der Senat ihrer Karriere in den Weg stellte – und gaben vor, die Sache des einfaches Volkes zu vertreten.

Mehrfach ging die Nobilität höchst gewaltsam gegen die Volkstribunen vor und entwickelte dabei das *senatus consultum ultimum*. Bei der Ermordung des Tiberius Gracchus stand dieses – auch später umstrittene – Instrument noch nicht zur Verfügung.

Der Lektionstext zeigt, dass in der Späten Republik das individuelle Streben nach einer herausragenden Karriere mehr und mehr die Geschlossenheit der Führungsschicht zerriss.

Tipps zum Einstieg

Zu den Fragen, die auch Schüler faszinierend finden, zählen gerade diejenigen, die mit Umbrüchen zu tun haben: Warum ging das Römische Reich unter, warum die Römische Republik?

In Lektion 15 ging es um die Stabilität des römischen Staates, die durch eine ausgeklügelte Kombination von Kompetenzen der unterschiedlichen Staatsformen garantiert schien. Wie also konnte diese Ordnung zerbrechen?

Im Lektionstext geht es um den Beginn dieses Umbruchs, zugleich um den Beginn der Späten Römischen Republik. Manche Historiker sehen das Tribunat des Tiberius Gracchus als den Beginn eines hundertjährigen Bürgerkrieges, an dessen Ende zwar Frieden, aber unter dem Prinzipat des Augustus steht. Üblicherweise sind die Kenntnisse von Schülern über die römische Geschichte nicht so detailliert, dass bereits vor der Erarbeitung der Lektion auf hinreichende Kenntnisse zurückgegriffen werden kann, um die Bedeutung der Gracchen einzuschätzen.

Am Beginn dieser Sequenz bietet sich eher ein Brainstorming an, welche Ereignisse wir heutzutage als Umbrüche in der deutschen Geschichte sehen. Als zentrale Ereignisse werden unter anderem in aller Regel die Maueröffnung 1989 und die Machtergreifung 1933 genannt. Beiden Ereignissen ging ein Verlust von innenpolitischer Stabilität voran, u. a. ausgelöst durch wirtschaftliche Schwächen und Autoritätsverlust der Eliten.

In grammatikalischer Hinsicht wird die Beschäftigung mit den Passivformen des Perfektstamms fortgesetzt; erfahrungsgemäß ist der Lesewiderstand aufgrund der häufig parallelen Strukturen im Deutschen wie im Lateinischen gering. Insofern stellt sich die Frage, ob das sprachliche Phänomen, die Kombination von Partizip und konjugiertem Hilfsverb, durch die Einstiegssätze oder durch entdeckendes Lernen eingeführt werden sollten. Möglicherweise bietet es sich wegen der inhaltlichen Komplexität des Geschehens auch bei stärkeren Schülern an, mit den Einstiegssätzen zu beginnen.

Vorschläge zur Sequenzplanung

1. Stunde	*Ti. Gracchus tribunus factus est* – **Einführung des Passivs des Perfektstamms** – Brainstorming zu Kennzeichen historischer Umbrüche – Erarbeitung des Formenaufbaus im Perfekt Passiv (Einstiegssätze) – Zusammenstellen der Subjekte und Prädikate (Erschließungsaufgabe 2) – Ergänzung und Sicherung der passiven Verbformen in Perfekt und Plusquamperfekt – Übersetzung und Sicherung Z. 1–3a – Hausaufgabe: Recherche nach den Hintergründen des Ackergesetzes und der Amtsgewalt (Erschließungsaufgabe 1)
2. Stunde	*Res publica in periculum adducta est* – **ein Volkstribun als Verfassungsbrecher** – Besprechung der Hausaufgaben – Inhaltliches Erschließen des Lektionstextes nach dem Sachfeld *res publica* – Übersetzung und Sicherung Z. 3b–6 – Bewertung der staatsgefährdenden Agitation des Tiberius (Interpretationsaufgabe 5) – Hausaufgabe: Wortschatz 1–7
3. Stunde	*patriam praeferens*: **Scipios Aufruf an die Patrioten zur Rettung des Staates** – Absicherung der Formenkenntnisse (Übung 6) – Übersetzung und Sicherung des Lektionstextes Z. 7–13 – Interpretation der Agitation des Tiberius als *res novae* und des Aufrufs Scipios als Absicherung des *mos maiorum* – Hausaufgaben: Wortschatz 8–12; Anfertigen eines Flussdiagramms zur Karriere des Tiberius (Erschließungsaufgabe 4)
4. Stunde	*Gracchus occisus est* – **Wiederherstellung des *mos maiorum* durch Mord an Amtsinhabern?** – Vergleich der Hausaufgaben – Übersetzung und Sicherung Z. 13–16 – Vergleich der Vergehen des Tiberius mit den Sanktionen des Scipio – Hausaufgaben: Wortschatz 13–14, Übung 7
5. Stunde	*Initium civilis sanguinis* – **Die Ermordung der Gracchen als historischer Umbruch** – Vergleich der Hausaufgaben – Übersetzung und Sicherung Z. 17–19 – Bewertung der Ermordung des Tiberius Gracchus (Interpretationsaufgaben 6.1 und 6.2) – Hausaufgaben: Wortschatz 15–24
6./7. Stunde	**Vertiefung der Sprach- und Textkompetenz** Individuelles Üben

Lektion 17

Themensequenz: Augustus und Ovids Metamorphosen

Lektionsthema: Ein Götterstreit mit Folgen: Apoll und Daphne

Grammatik: Partizipialkonstruktionen: PC und abl. abs. mit Partizip der Vorzeitigkeit

Kultur: Die Rollenverteilung bei Männern und Frauen

Inhalt und Zielsetzung des Lektionstexts

Die Schüler erkennen, dass Ovid den Mythos von Apoll und Daphne so aufbereitet, dass er unterschwellig Kritik am Augusteischen Prinzipat anmeldet.

Der noch junge Gott Apoll ist darüber stolz, dass er einen Drachen erlegt hat, und brüstet sich damit vor Cupido, der mit seinen Waffen Liebe stiften und verwehren kann. Nachdem er von Apoll provoziert worden ist, lässt Cupido Apoll in Liebe nach der Nymphe Daphne entbrennen. Die Nymphe aber will gerade dadurch, dass sie in ewiglicher Jungfräulichkeit lebt, der Liebe entsagen. Während ihr Vater dem Wunsch gegenüber aufgeschlossen ist, kann sich Apoll aufgrund der Schönheit der Nymphe nicht beherrschen und will immer mehr von ihr sehen, will sie gar heiraten. Und damit scheint Apoll den Zustand erreichen zu wollen, den die Ehegesetze des Augustus einfordern, allerdings ohne die individuellen Wünsche z. B. der Bräute zu beachten.

Tipps zum Einstieg

Ovid stellt in zahlreichen Metamorphosen zeitlose Themen dar, die gerade für Jugendliche höchst aktuell sind. Wie Daphne wird sich manches Mädchen fühlen, das die Aufmerksamkeit eines jungen Mannes erweckt hat, nicht allerdings mit diesem Mann zusammen sein möchte. Aufgrund der üblicherweise größeren Körperkraft kommt es bisweilen in solchen Situationen zu erzwungenem Geschlechtsverkehr. In der folgenden Lektion wird Daphne durch die rechtzeitige Verwandlung in einen Baum hiervor geschützt, verliert aber ihr Leben als Frau.

Weniger dramatisch ist es, mit dem Bildimpuls auf S. 95 zu beginnen, da nicht zuletzt durch das bei Jugendlichen beliebte Valentinsfest Amor mit Liebespfeilen bekannt ist. Nicht bekannt sind die Pfeile, die dazu führen, dass die Getroffenen vor einer Beziehung weglaufen. Hier aber kann die Frage gestellt werden, was passiert, wenn der Getroffene oder generell einer der beiden diese Beziehung gar nicht haben will. Hat er dann ein Anrecht auf den Partner? Kann er Rücksichtnahme erwarten? In der Bundesrepublik genießt jeder Schutz vor den Übergriffen anderer – aber galt das auch für Rom? Gerade dann, wenn man die Ehegesetze des Augustus bedenkt, scheint die Ehe als Staatsziel verankert gewesen zu sein.

Das vermutete Verhalten bei Ablehnung einer Beziehung lässt sich im Verlauf der Lektion an Daphne überprüfen.

Grammatikalisch werden mit dem vorzeitigen Partizip in satzwertigen Konstruktionen sehr wichtige Gegenstände thematisiert, die gründlich besprochen werden müssen. Wegen des Primats inhaltsorientierter Textarbeit ist vor allem der Übungsteil für die Thematisierung der Partizipien vorgesehen. Zur Entlastung bietet sich der Einstieg in die Grammatik mithilfe der Einstiegssätze an. Da aber bereits seit den Lektionen 13 und 14 Partizipialkonstruktionen bekannt sind, ist bei leistungsfähigen Gruppen die Erarbeitung mithilfe des Lektionstextes möglich.

Vorschläge zur Sequenzplanung

1. Stunde	*Amor ira datus* – ein göttlicher Streit um die Kraft der Liebe
	– Einfühlen in das Phänomen verschmähter Liebe
	– Einführung der Vorzeitigkeit mithilfe der Einstiegssätze
	– Erschließung Z. 1–5 durch Bestimmung der Partizipien und Zuordnung zu passivischen Verbformen oder Partizipialkonstruktionen
	– Übersetzung und Sicherung Z. 1–5
	– Sicherung der Übersetzung von Partizipialkonstruktionen mit vorzeitigem Partizip
	– Hausaufgabe: Wortschatz 1–10
2. Stunde	*Mea gloria – tua gloria* – **Strukturierung des Lektionstextes**
	– Wiederholung der Partizipien (Übung 6)
	– Erschließen des Lektionstextes nach Handlungsträgern und Verben (Erschließungsaufgabe 1)
	– Übersetzung und Sicherung Z. 6–8
	– Vertiefung der Sprachkompetenz durch Kongruenzübungen (Übung 7)
	– Hausaufgabe: Infotext S. 92 f.
3. Stunde	*Alter amat, fugit altera* – **inhaltliche und sprachliche Analyse der Wirkung von Cupidos Pfeilen**
	– Einstieg mit Wortschatzübung 1
	– Vorerschließung Z. 9–11 nach der Wirkung der Pfeile (Erschließungsaufgabe 2), anschließend Übersetzung und Sicherung
	– Sprachlich-stilistische Interpretation des Parallelismus und Chiasmus in Z. 9–11 (Interpretationsaufgabe 3)
	– Hausaufgaben: Wortschatz 11–14, Infotext S. 95
4. Stunde	*Perpetua virgo* – **ein augusteisches Frauenideal?**
	– Benennen des römischen Frauenideals gemäß Infotext
	– Erschließung Z. 12–15 nach den Wünschen der Daphne, anschließend Übersetzung und Sicherung
	– Interpretation des Wunsches der Daphne als Abweichung vom erwarteten Ehestand (Interpretationsaufgabe 5)
	– Hausaufgaben: Wortschatz 15–18
5. Stunde	*Forma voto obstat* – **Ovids Mythos als Kritik am Augusteischen Prinzipat**
	– Einstieg mit Wortschatzübung 2
	– Übersetzung und Sicherung Z. 16–20
	– Interpretation des Mythos als kritische Stellungnahme zur *renovatio morum* des Augustus (Interpretationsaufgabe 4)
	– Hausaufgaben: Wortschatz 19–26
6./7. Stunde	**Vertiefung der Sprach- und Textkompetenz**
	– Individuelles Üben und Vergleichen

Lektion 18

> **Themensequenz:** Augustus und Ovids Metamorphosen
>
> **Lektionsthema:** Eine aussichtslose Flucht
>
> **Grammatik:** Deponentien, *hic* und *ille*
>
> **Kultur:** Das Fortleben der Antike

Inhalt und Zielsetzung des Lektionstexts

Der Lektionstext setzt die Handlung der Lektion 17 fort. Daphne versucht vor Apoll zu flüchten, ist ihm allerdings körperlich unterlegen. Es kommt nicht zur Vergewaltigung, weil sie rechtzeitig in einen Baum verwandelt wird. Allerdings kann sie jetzt nicht mehr weglaufen und muss seine Küsse ertragen. Die Schüler erkennen, dass sich Apoll als Mann und als Gott durchsetzt.

Tipps zum Einstieg

Inhaltlich setzt der Lektionstext den Mythos, der in Lektion 17 dargestellt worden ist, fort. Daphne rettet sich durch die Verwandlung in einen Lorbeerbaum vor der Vergewaltigung. Gleichwohl gibt Apoll dem Baum Küsse und betrachtet ihn als seine Eroberung. Daphnes Metamorphose bietet somit keinen absoluten Schutz vor dem Gott. Bei einem inhaltsorientierten Einstieg wäre daher das Aufstellen von Hypothesen geeignet, wie die Handlung enden könnte.

Zwei grammatikalische Schwerpunkte werden thematisiert: die Demonstrativpronomina *hic* und *ille* sowie Deponentien. Zur Absicherung des deklarativen Wissens sollte ein bekanntes Pronomen wie z. B. das Relativpronomen dekliniert werden, um die Endungen des Genitivs und Dativs hervorzuheben, da sich diese Endungen bei *hic* und *ille* wiederfinden lassen.

Um Deponentien korrekt einordnen zu können, ist Sicherheit im Umgang mit der Formenlehre erforderlich. Daher empfiehlt es sich, die Verbendungen, speziell die Passiv-Endungsreihe, im Vorfeld zu wiederholen.

Die Funktion der Einstiegssätze ist es vor allem, den Bezug von *hic* auf den zuletzt Genannten zu verdeutlichen. Ferner lässt sich logisch erschließen, dass *sequitur* nicht passivisch gemeint sein kann, da die Komplementärhandlung zum Fliehen das aktive Verfolgen ist.

Vorschläge zur Sequenzplanung

1. Stunde	*Haec fugit, ille sequitur* – **Einführung der Formen und Übersetzung von Deponentien** – Einführung der Deponentien (Einstiegssätze), anschließend ggf. Wiederholung der Passivendungen – Sicherung mit Grammatik und Übung 11 – Besprechen des Lernwortschatzes, Markieren der Deponentien – Ggf. Beginn der Übersetzung (Z. 1) – Hausaufgabe: Informationstext S. 99
2. Stunde	*Nympha, precor!* – **Apolls Rede** – Ggf. Wiederholung der Deponentien – Erschließen des Lektionstextes nach Sachfeldern (Erschließungsaufgabe 1) – Übersetzung und Sicherung Z. 2–6 – Einordnung von Apolls Werben um Liebe zwischen Einfühlungsvermögen und Arroganz. Macht Apoll sich lächerlich? (Interpretationsaufgabe 3) – Hausaufgabe: Wortschatz 1–8, Übung 1
3. Stunde	*Nympha celeri cursu fugit* – **Die erotisierende Wirkung von Daphnes Flucht** – Besprechen der Hausaufgaben – Vorerschließung durch Finden von Überschriften für die Abschnitte des Lektionstextes (Erschließungsaufgabe 2) – Übersetzung und Sicherung Z. 7–9 – Analyse der sexuellen Konnotationen in Daphnes Flucht – Hausaufgaben: Wortschatz 9–12, Übung 2
4. Stunde	*Hic praedam petit, illa salutem* – **Apolls Liebeswerben als Beutejagd** – Vergleich der Hausaufgaben – Wiederaufgreifen von Apolls Rede in Z. 2–6 – Erschließung Z. 10–12 nach Aspekten von Werbung und Jagd, dabei Klären der Frage: Wer ist *hic,* wer ist *ille?,* dann Übersetzung – Liebhaber oder Macho? Beurteilung des Verhaltens von Apoll – Sicherung der Formen und Funktion von *hic* und *ille* (Grammatik) – Hausaufgaben: Wortschatz 13–19, Übung 9
5. Stunde	*Perde mutando figuram* – **Metamorphosen als Einklang von Charakter und Gestalt** – Besprechen der Hausaufgabe – Übersetzung und Sicherung Z. 13–15, Vergleich der Bitte um Verhässlichung mit der Statue S. 99 – Vorerschließung Z. 16–19 durch Benennen der Körperteile bzw. Beschriften der Statue S. 99, dann Übersetzung und Sicherung – Deutung der Verwandlung aus Daphnes Sicht (Interpretationsaufgabe 4) – Hausaufgaben: Wortschatz 20–30, Übung 4
6./7. Stunde	**Vertiefung der Sprach- und Textkompetenz** – Individuelles Üben und Vergleichen der Aufgaben

Lektion 19

> **Themensequenz:** Tacitus und der Prinzipat
>
> **Lektionsthema:** Nero und der Brand Roms
>
> **Grammatik:** nd-Formen
>
> **Kultur:** Brandbekämpfung

Inhalt und Zielsetzung des Lektionstexts

Der Lektionstext enthält einen zentralen Ausschnitt aus Tacitus' Bericht über die große Brandkatastrophe in Rom im Jahr 64 n. Chr. Die Schüler arbeiten aus dem Text Tacitus' Urteil über Nero und seine Kunst des *innuendo* heraus.

Scheinbar schreibt Tacitus objektiv, *sine ira et studio*, über die Geschichte der Kaiserzeit. Er berichtet Fakten, Gerüchte benennt er als solche. Allerdings nutzt er die Widergabe von Gerüchten gezielt zur Manipulation des Lesers und tarnt so seine Kritik an Nero.

Tipps zum Einstieg

Zu den Gegenständen, die sich im kollektiven Gedächtnis der Menschheit eingeprägt haben, zählt zweifellos der Brand von Rom – vor allem deswegen, weil er mit dem scheinbaren Wahnsinn Neros verbunden ist, dazu mit der Ermordung von unschuldigen Christen als Sündenböcken.

Grammatikalischer Schwerpunkt der Lektion ist die Einführung der -nd-Formen (ohne Gerundiv + *esse*). Weil Gerundium und Gerundiv gleich übersetzt werden, verzichtet breVIA auf Übungen zur Unterscheidung der beiden Formen – es geht einzig und allein um eine korrekte Übersetzung. Diese ist sprachintuitiv leicht machbar mit dem von Gerhard Fink geprägten Merksatz:

Am (E)nd geht es fast immerzu mit »zu«,

beim Ablativ kommt man mit »durch« durch,

steht in dabei, nimm »bei«.

Vorschläge zur Sequenzplanung

1. Stunde	*Sequitur clades* – die Ausbreitung des Brandes als Hilfe zur Strukturierung des Lektionstextes – Einstieg ins Thema: Bildbeschreibung, ggf. Sammeln von Vorwissen über den Brand von Rom (z. B. per Mindmap) – Klären der Vorerwartung an den lateinischen Text – Vorerschließung des Lektionstextes nach Konnektoren und Subjekten, Erarbeiten einer Gliederung mit Überschriften (Erschließungsaufgabe 1) – Übersetzung und Sicherung Z. 1–2 – Interpretation des ersten Satzes: Was will Tacitus berichten? Erwarten wir einen neutralen Bericht? Warum (nicht)? – Hausaufgabe: Infotext S. 105, Wortschatz 1–3
2. Stunde	**Brand und Zerstörung – die Ursachen des großen Brandes von Rom** – Erstellen eines Sachfeldes zu Feuer und Zerstörung (Erschließungsaufgabe 2) – Übersetzung und Sicherung Z. 3–6 – Vertiefung der Sprachkompetenz (Übung 2) – Hausaufgaben: Wortschatz 4–8, Übung 1
3. Stunde	*Ad vitam servandam* – **Einführung der -nd-Formen** – Übersetzung der nd-Form in Z. 5 wieder aufgreifen – Einführung der nd-Formen und der Übersetzungsmöglichkeiten anhand der Einstiegssätze und der Grammatik – Festigung anhand der Übungen 6, 7 und 8 (Spiegelstriche 1–3) – Hausaufgabe: Informationstext S. 102 f.
4. Stunde	**Nero – ein Kaiser als Brandstifter?** – Besprechen der Hausaufgaben – Übersetzung und Sicherung Z. 7–11 – Interpretation der Maßnahmen Neros gegen den Brand als prinzipiell hilfreich – Hausaufgaben: Wortschatz 9–13
5. Stunde	*Fama, rumor, credere* – **Anspielungen als Form senatorischer Opposition am Beispiel der Geschichtsschreibung des Tacitus** – Übersetzung und Sicherung Z. 12–15 – Analyse der Technik des *Innuendo* (Interpretationsaufgabe 4) – Hausaufgaben: Wortschatz 14–27, Übung 4
6. Stunde	**Christen als Sündenböcke – Nero und sein Nachruhm** – Besprechung der Hausaufgaben – Übersetzung und Sicherung Z. 16–19 – Übung 8 (letzte 2 Spiegelstriche) und 9 – Hausaufgabe: Übung 2
7./8. Stunde	**Vertiefung der Sprach- und Textkompetenz** – Individuelles Üben und Vergleichen

Lektion 20

> **Themensequenz:** Tacitus und der Prinzipat
>
> **Lektionsthema:** Senecas Tod
>
> **Grammatik:** Gerundiv mit *esse*
>
> **Kultur:** Seneca und die Stoa

Inhalt und Zielsetzung des Lektionstexts

Der Lektionstext führt Tacitus' Kritik an Neros Herrschaft fort. Im Mittelpunkt steht Senecas Selbstmord, der möglicherweise im Zusammenhang mit einer Verschwörung gegen Nero steht. Ob und inwieweit Seneca Mitwisser oder gar darin involviert war, wird sich nicht mehr klären lassen.

Obwohl Seneca stoisches Gedankengut vermittelt, gelingt es ihm nur zum Teil, beim Sterben seinen Prinzipien in letzter Konsequenz zu folgen. So erkennen die Schüler, dass er sich von seiner Frau trennen lässt, um sich philosophisch nicht irritieren zu lassen, bzw. schließlich einräumt, den Schmerz nicht mehr ertragen zu können. Damit wird deutlich, dass Seneca zwar Vermittler der Stoa ist, ihr aber gleichwohl eigene Akzente im Leben wie im Sterben zu verleihen vermag.

Tipps zum Einstieg

Die inhaltsorientierte Frage, worin ein glückliches Leben besteht, beschäftigt auch Jugendliche, und wenn man ein oder mehrere Indikatoren der Schüler sammelt, findet sich kaum der Gedanke an Lustverzicht oder gar einen Selbstmord im Interesse eines guten Sterbens. Insofern bietet die stoische Philosophie zahlreiche Anlässe für eine historische Kommunikation. Unter Umständen ergeben sich Möglichkeiten zu fachübergreifender Arbeit mit Religion oder Philosophie, ggf. auch zur Abgrenzung zu Vorstellungen Epikurs.

An sich ist die Übersetzung des Gerundivs mit *esse* relativ einfach. Daher bietet die Lektion die Gelegenheit, ggf. andere Grammatikthemen zusätzlich zu wiederholen (z. B. nd-Formen, Partizipialkonstruktionen o. ä.).

Vorschläge zur Sequenzplanung

1. Stunde	*Seneca Neroni occidendus erat* – **Einführung des Gerundivs mit** *esse*
	– Einstieg mit dem Infotext zu Seneca S. 109
	– Analyse der -nd-Formen in den Einstiegssätzen
	– Sicherung der Formen und Übersetzungsmöglichkeiten des prädikativen Gerundivum und des *Dativus auctoris*
	– Übung 8
	– Hausaufgabe: Übung 7

2. Stunde	*Seneca interritus* – **Apatheia und Ataraxia als Motti der Stoa** – Besprechen der Hausaufgabe – Gliederung des Lektionstextes nach Personen und Schlüsselbegriffen (Erschließungsaufgabe 1) – Übersetzung und Sicherung Z. 1–6 – Klärung des Textverständnisses: Was ist gemeint mit *pulcherrimum vobis relinquam: imaginem vitae?* (Interpretationsaufgabe 3) – Hausaufgabe: Wortschatz 1–6, Übung 2
3. Stunde	*Flendum non est!* – **Philosophie als Lebenshilfe im Alltag** – Besprechen der Hausaufgabe – Übersetzung und Sicherung Z. 7–9 – Vertiefung des Gerundivums (Übung 12) – Hausaufgaben: Wortschatz 7–10, Übung 3
4. Stunde	*Bracchia exsolvunt* – **Tod und Todesverachtung bei den Stoikern** – Besprechen der Hausaufgaben – Ermitteln des Tempusprofils (Erschließungsaufgabe 2) – Übersetzung und Sicherung Z. 10–13 – Interpretation der Verwendung des *praesens historicum* – Hausaufgaben: Wortschatz 11–14, Übung 4
5. Stunde	*Ne dolore frangeretur* – **Wie stoisch ist Seneca?** – Besprechen der Hausaufgaben – Übersetzung und Sicherung Z. 14–17 – Interpretation der Trennung von Seneca und Paulina als Sicherungsmaßnahme der *tranquillitas animi* – Hausaufgaben: Wortschatz 15–16, Übung 9
6. Stunde	*Dolorem ferre non possum*! **Seneca und die Grundsätze der Stoa** – Besprechen der Hausaufgaben – Übersetzung und Sicherung Z. 18–20 – Interpretation der philosophischen Haltung Senecas als Eklektiker (Interpretationsaufgabe 4) – Hausaufgabe: Wortschatz 17–19, Übung 10
7. Stunde	**Vertiefung der Sprach- und Textkompetenz** – Vergleich der Hausaufgaben – Individuelles Üben und Vergleichen der Übungen 11–15

Lektion 21

Themensequenz: Latein nach der Römerzeit

Lektionsthema: In der Hölle

Grammatik: Futur 1 Aktiv und Passiv, *velle*

Kultur: Jenseitsvorstellungen in Antike und Mittelalter

Die Lektionen 21–24 sind fakultativ; sie bieten in Auswahl Grammatikthemen, die je nach Lerngruppe auch anhand einer Lektüre erarbeitet werden können.

Inhalt und Zielsetzung des Lektionstexts

Ein Engel führt den Ritter Tnugdalus in die Hölle. Die Schüler interpretieren die Höllenfahrt als Signal für eine Umkehr vom bisherigen Leben. Die in der Hölle visualisierten Schreckensbilder werden als typische Elemente christlich-mittelalterlicher Literatur gedeutet.

Tipps zum Einstieg

Der Lektionstext nimmt mit dem Besuch des Tnugdalus in der Unterwelt einen Aspekt des christlichen Mittelalters auf, der in antiken Texten etwa durch die Höllenfahrten des Odysseus und Aeneas vorbereitet worden ist. Trotz der Erlösung, die Christen durch Jesu Tod verheißen worden ist, fürchteten viele Gläubige eine strenge Buße für ihre Sünden in der Hölle.

Um Zielspannung aufzubauen, können die Positionen der Schüler gegenüber einem möglichen Weiterleben nach dem Tod erfragt werden. Durch die heutige Vielfalt von Religionen, die Reformation und auch durch Atheismus ist davon auszugehen, dass es vielfältige Vorstellungen vom Leben nach dem Tod gibt. Wenn aber nach dem Leben kein Strafgericht für begangene Verbrechen droht: Weshalb sollten Menschen mitmenschliches Verhalten zeigen? Sicherlich eine Fragestellung, die für einen Transfer fruchtbar gemacht werden kann.

Grammatikalisch sollte die Einführung des Futurs dadurch vorentlastet werden, dass in der Formenbildung das deklarative Wissen zum Indikativ und Konjunktiv Präsens, ferner -ba- als Kennzeichen des Imperfekts im Indikativ abgesichert wird. Auch die Verwendung von »werden« als Kennzeichen des Passivs bzw. Futurs im Deutschen sollte je nach Lerngruppe thematisiert werden.

Vorschläge zur Sequenzplanung

1. Stunde	*Cras videbo, heri videbam* – Einführung der Formen und Absicherung des Übersetzens des Futur I
	– Erarbeitung der Formen des Futur I mithilfe der Einstiegssätze und durch Analyse des Formenbestandes des Lektionstextes
	– Formulierung und Sicherung von Bildungsregeln für die a-/e-, kons.-/i-Konj, sowie *esse*
	– Übersetzung und Sicherung Z. 1–3
	– Hausaufgabe: Infotext S. 112 f., Übung 5
2. Stunde	*Vallis saevissima et tenebrosa* – Mittelalterliche Unterweltsvorstellungen
	– Besprechung der Hausaufgaben
	– Gliederung des Lektionstextes nach Konnektoren (Erschließungsaufgabe 1)
	– Übersetzung und Sicherung Z. 3–9
	– Vergleich der mittelalterlichen Unterweltsvorstellungen mit eigenen Erwartungen
	– Hausaufgabe: Wortschatz 1–14
3. Stunde	*Multitudo bestiarum saevarum* – Furcht vor Ungeheuern im Jenseits zur Disziplinierung im Diesseits
	– Infotext S. 115
	– Übersetzung und Sicherung Z. 10–14
	– Vertiefung der Formenkenntnisse (Übung 6)
	– Hausaufgaben: Wortschatz 15–18, Übung 1
4. Stunde	*Memoria tenebis dolores* – Die Unterwelt als Ort des Leidens
	– Besprechen der Hausaufgaben
	– Ermitteln des Tempusprofils (Erschließungsaufgabe 3)
	– Übersetzung und Sicherung Z. 14–18
	– Interpretation der Rolle des Engels als Symbol der Umkehr
	– Hausaufgaben: Wortschatz 19, Übung 2
5. Stunde	**Vertiefung der Sprach- und Textkompetenz**
	– Vergleich der Hausaufgaben
	– Individuelles Üben und Vergleichen der Übungen 3–4, 7–9
	– Hausaufgabe: Übung 11
6. Stunde	**Vertiefung der Sprach- und Textkompetenz**
	– Vergleich der Hausaufgaben
	– Individuelles Üben und Vergleichen der Übungen 10, 12–14

Lektion 22

Themensequenz: Latein nach der Römerzeit
Lektionsthema: Brandgefährlich
Grammatik: Futur II, Partizip Futur
Kultur: Heiligenviten

Inhalt und Zielsetzung des Lektionstexts

Der heilige Silvester bezwingt im Auftrag des Kaisers Konstantin einen Drachen, der sich in einem Graben vor Rom aufhält und täglich 300 Menschen tötet. Da er dies dank der Hilfe Christi erreicht, überzeugt er einen großen Teil der Römer, sich von heidnischen Göttern abzuwenden und zum Christentum zu konvertieren. Der siegreiche Kampf gegen Ungeheuer wird als erfolgreicher Kampf für die christliche Mission erkannt.

Tipps zum Einstieg

Drachen spielen in der antiken wie mittelalterlichen Sagenwelt eine große Rolle. Apollon, St. Georg und Siegfried gelten u. a. als Drachentöter; mal beweisen Helden ihren Mut, mal unterstützt sie (ein) Gott in ihrem Vorhaben, so dass sie letztlich Werkzeuge der göttlichen Botschaft sind.

Ob Konstantin tatsächlich zum Christentum konvertiert ist, muss offenbleiben. Wie es scheint, hat er einerseits die Christen gefördert, weil er ihre Unterstützung benötigte, um sich gegen Maxentius durchzusetzen, andererseits hat er die bestehenden Kulte bestehen lassen, um seiner Herrschaft nicht unnötig die Stützen der etablierten Gesellschaft zu entziehen. Im Nachhinein aber konnte seine Rolle für die Christianisierung des *imperium Romanum* immer gewichtiger erscheinen, sodass weiter Raum für Mythenbildung blieb.

Dies kann gleichwohl der Anlass für eine Recherche nach den Namenspatronen der Kirchen in den Gemeinden der Schüler sein. Möglicherweise finden sich neben Illustrationen oder Standbildern auch lateinische Inschriften, die auf die Leistungen des Patrons schließen lassen.

Grammatikalisch schließt die Lektion die Einführung der Partizipien mit dem Partizip Futur ab, das sich im Gegensatz zu den Partizipien der Gleich- und Vorzeitigkeit kaum als Partizip im Deutschen wiedergeben lässt. In Abhängigkeit von der Leistungsfähigkeit der Lerngruppen sollten Formenbildung (Kennzeichen), Übersetzung und Verwendung (Zeitverhältnisse) dieser beiden Partizipien im Vorfeld wiederholt werden.

Das Futur II ist der deutschen Sprache zwar bekannt, wird aber kaum verwendet; sinnvoller ist die Übersetzung etwa mit dem Perfekt. Wohl aber sollten die Schüler darauf sensibilisiert werden, dass hiermit eine Vergangenheit in der Zukunft ausgedrückt wird.

Vorschläge zur Sequenzplanung

1. Stunde	**Drachen vor Rom – Einführung des Futur II und des Partizips Futur** – Einführung von Futur II und PFA mit Hilfe der Einstiegssätze, Analyse der Formen, Hypothesenbildung zur Verwendung – Zusammenstellen der Futur II Formen und der Partizipien aus dem Lektionstext, Systematisierung und Sicherung – Vertiefung der Übersetzung von Futur II (Übung 7) – Hausaufgabe: Infotext S. 119
2. Stunde	**Der Kampf gegen Drachen als Kampf für den christlichen Glauben** – Erschließung des Lektionstextes mithilfe von Wortfeldern (Erschließungsaufgabe 1) – Übersetzung und Sicherung Z. 1–4 – Vertiefung der Sprachkompetenz (Übung 8) – Hausaufgabe: Wortschatz 1–6, Übung 1
3. Stunde	***Per Christi virtutem* – Gottesbeweise als Herrschaftslegitimation** – Besprechen der Hausaufgaben – Ermittlung des Tempusprofils (Erschließungsaufgabe 2) – Übersetzung und Sicherung Z. 5–8 – Interpretation der Verwendung des *praesens historicum* – Hausaufgaben: Wortschatz 7, Übung 2
4. Stunde	**Anweisungen für den Drachenkampf** – Besprechen der Hausaufgaben – Übersetzung und Sicherung Z. 9–13 – Interpretation der Strategie Konstantins (Interpretationsaufgabe 3) – Hausaufgaben: Wortschatz 8–12, Übung 3
5. Stunde	**Der Kaiser als Drachenkämpfer** – Besprechen der Hausaufgaben – Übersetzung und Sicherung Z. 14–17 – Vertiefung der Zeitverhältnisse im PC (Übung 9) – Hausaufgaben: Wortschatz 13–15, Übung 10
6. Stunde	**Bekehrung als Folge des Drachenkampfes** – Besprechen der Hausaufgabe – Übersetzung und Sicherung Z. 18–20 – Interpretation der Folgen von Konstantins Sieg über den Drachen (Interpretationsaufgabe 4) – Hausaufgabe: Wortschatz 16, Übung 10
7. Stunde	**Vertiefung der Sprach- und Textkompetenz** – Vergleich der Hausaufgaben – Individuelles Üben und Vergleichen der Übungen 4–6, 11–15

Lektion 23

> **Themensequenz:** Theater
> **Lektionsthema:** Verwechslung in Epidamnus
> **Grammatik:** Irrealis (Bedingungssätze)
> **Kultur:** Griechischer Einfluss und römische Kultur

Inhalt und Zielsetzung des Lektionstexts

Sosicles gelangt auf der Suche nach seinem entführten Bruder Menaechmus nach Epidamnus. Die Schüler erarbeiten die literarische Gattung Komödie anhand zahlreicher Verwechslungen, die sich u. a. dadurch ergeben, dass Sosicles in Erinnerung an seinen Bruder gleichfalls Menaechmus genannt worden ist.

Tipps zum Einstieg

Die Komödie als literarische Gattung ist Schülern in der Regel nicht durch das Theater, wohl aber durch das Fernsehen und Jugendbücher vertraut. Gerade die beiden Menaechmi lassen sich gut mit dem doppelten Lottchen und anderen Verwechslungsgeschichten vergleichen, bei denen es immer wieder zu amüsanten Episoden kommt. Im Einstieg lassen sich entsprechende Geschichten zusammenstellen und somit Zielspannung aufbauen, wie eine derartige Erzählung im antiken Kontext geschrieben sein könnte, zumal es um zeitlose Begegnungen und Begebenheiten geht.

Grammatikalisch wird vor allem der Irrealis eingeführt. Die Formen des Konjunktivs sind den Schülern zwar bereits vertraut, aber bisher trat er im Gliedsatz, eingeleitet durch *ut, ne* oder *cum,* auf und wurde daher nicht übersetzt. Bei Konditionalsätzen ist jedoch die Verwendung des Konjunktivs auch im Deutschen für die Schüler sehr nachvollziehbar, wie anhand der Einstiegssätze deutlich wird.

Vor der Einführung des Irrealis könnte es hilfreich sein, die Formenlehre, konkret die Formen der Konjunktive im Imperfekt und Plusquamperfekt, zu wiederholen.

Vorschläge zur Sequenzplanung

1. Stunde	*Si venires, videres* – Einführung des Irrealis im Zusammenhang der Suche des Sosicles nach seinem Bruder Menaechmus – Einführung des Irrealis der Gegenwart mithilfe der Einstiegssätze, Analyse der Formen, Hypothesenbildung zur Verwendung – Zusammenstellen der Formen des Konjunktivs Imperfekt aus dem Lektionstext, Systematisierung und Sicherung – Übersetzung und Sicherung Z. 1–4 – Einführung des Irrealis der Vergangenheit – Vertiefung der Übersetzung des Irrealis (Übung 7) – Hausaufgabe: Infotext S. 122
2. Stunde	*Aliquem, quem, eum* – Entwirrung der Verwechslung von Menaechmus und Sosicles durch Systematisierung der Pronomina – Einführung und Systematisierung des Indefinitpronomens mit Hilfe der Einführungssätze – Erschließung des Lektionstextes nach Pronomina und deren Bezügen – Übersetzung und Sicherung Z. 5–9 – Skizzieren der Personenkonstellation (Erschließungsaufgabe 1) – Hausaufgabe: Wortschatz 1–10
3. Stunde	*Te novisse volo* – Kennen und Nichtkennen (wollen) als humoristische Elemente einer Komödie – Einführung und Systematisierung der Formen von *velle* mithilfe der Einführungssätze – Erschließung des Lektionstextes nach Formen von *velle* und *nolle* – Übersetzung und Sicherung Z.10–16 – Sprachlich-stilistische Untersuchung des Lektionstextes (Interpretationsaufgabe 3) – Hausaufgaben: Wortschatz 11–16
4. Stunde	*Insanit hic quidem* – Die sprachliche Gestaltung des Wahnsinns des Menaechmus – Informationstext S. 125 – Übersetzung und Sicherung Z. 17–20 – Erarbeitung der Darstellung des zunehmenden Wahnsinns (Interpretationsaufgabe 4) – Hausaufgaben: Wortschatz 17–21, Übung 1
5./6. Stunde	**Vertiefung der Sprach- und Textkompetenz** – Besprechen der Hausaufgaben – Individuelles Üben und Vergleichen der Übungen

Lektion 24

> **Themensequenz:** Theater
> **Lektionsthema:** Mein geliebter Menaechmus
> **Grammatik:** Konjunktiv im Hauptsatz
> **Kultur:** Antikes Theater

Inhalt und Zielsetzung des Lektionstexts

Der Lektionstext setzt die Komödie aus Lektion 23 fort. Sosicles trifft auf Erotium, die Geliebte seines Bruders, die ihn einzutreten bittet. Gemäß dem Wunsch seines Bruders hat sie ein Essen vorbereiten lassen. Erst beschimpft Sosicles die Frau, verrückt zu sein; dann aber nimmt er die Einladung an und geht gegen den Rat seines Sklaven Messenio in ihr Haus.

Tipps zum Einstieg

Der Lektionstext führt die Verwechslungsgeschichte der vorangegangenen Lektion fort; insofern besteht immer noch die inhaltliche Zielspannung, wie die Geschichte wohl ausgehen mag.

Sprachlich geht es um die Einführung der Konjunktivfunktionen im Hauptsatz, sodass eine Wiederholung der Kennzeichen der Konjunktivformen gerade bei leistungsschwächeren Schülern hilfreich sein könnte.

In den Einstiegssätzen geht es mit dem Deliberativ um eine für Schüler und Studenten bekannte Fragestellung, wen man zu einer Feier einladen solle, sodass der Lesewiderstand gegenüber dem Konjunktiv reduziert wird.

Sprachlich leistungsstarke Schüler erkennen durchaus die Funktion des Potentialis, allerdings wird von sehr vielen Schülern der Gebrauch des deutschen Konjunktivs eher mit dem Irrealis – und damit auch mit der Übersetzung mit »würde« – verbunden, sodass in jedem Fall die Feinheit in der Verwendung und Wiedergabe in der deutschen Sprache intensiv thematisiert werden muss.

Vorschläge zur Sequenzplanung

1. Stunde	*Venias!* – Einstieg in den Text
	– Einstieg in den Textzusammenhang: Lesen des deutschen Einleitungssatzes und erste Vermutungen, was im Text passieren könnte.
	– Übersetzung Z. 1–5a
	– Gemeinsame erste Reflexion über die Übersetzung der Konjunktive im Hauptsatz
	– Hausaufgabe: Infotext S. 129
2. Stunde	*Quem ad cenam invitemus?* – Einladung zum Essen mit Konjunktiv im HS
	– Erarbeiten der Funktionen des Konjunktivs im Hauptsatz anhand der Einstiegssätze und der Grammatik (S. 32 obere Hälfte und S. 33): Vielleicht – Hoffentlich – Sollen!
	– Erste Festigung anhand von Übungen (z.B. Übung 11, Übung 5)
	– Grammatik lernen, Bildung des Konjunktivs Präsens wiederholen
3. Stunde	**Situationskomik und Extremsituationen als Gestaltungsmittel der Komödie**
	– Übersetzung Z. 5b–15
	– Entwicklung der Beziehung zwischen Sosicles und Erotium durch Vergleich ihrer Anreden (Aufgabe 2)
	– Hausaufgaben: Wortschatz 1–9, Übung 3
4. Stunde	*Res bene geritur* – ein happy end bei Erotium?
	– Besprechen der Hausaufgabe
	– Übersetzung und Sicherung Z. 16–24
	– Zusammenstellung und Interpretation der sprachlichen Mittel Z. 20–24 (Interpretationsaufgabe 3)
	– Charakterisierung der Rolle des Menaechmus (Interpretationsaufgabe 4)
	– Hausaufgaben: Wortschatz 10–17, Übung 4
5./6. Stunde	**Vertiefung der Sprach- und Textkompetenz**
	– Vergleich der Hausaufgaben
	– Individuelles Üben und Vergleichen der Übungen

3. Lösungen zu den Übersetzungstexten und Übungen

Lektion 1

Lektionstext

Gaius Plinius lädt oft (seine) Freunde zu einem Abendessen ein.

Heute erwartet er Septicius Clarus.

Alle Köstlichkeiten sind schon bereit: Wein, Oliven, Käse, Brot, Würstchen und Eier.

Die Familie befindet sich bereits im Atrium. Der Hausherr und die Familie warten lang ab und sagen: »Was ist los? Wo ist Septicius?«
Doch der Freund kommt nicht.

Gaius Plinius grüßt seinen Septicius

Was ist los? Ich erwarte dich zum Abendessen – aber du kommst nicht?

Ich habe alle Köstlichkeiten (wie immer): Ich habe Wein, Oliven, Käse, Brot, Würstchen und Eier. Aber du – was machst du?
Du speist bei einem anderen!

Vielleicht habt ihr ein üppigeres Abendessen; ihr verspeist Austern, Gebärmütter der Säue, Seeigel; ihr seht attraktive Tänzerinnen aus Cadiz und habt Dirnen. Aber bei uns erzählen wir stets Scherze! Während wir speisen, hättest du einen Komödianten, einen Vorleser und einen Lyraspieler zu hören bekommen. Das Abendessen ist bei anderen üppiger, bei mir unterhaltsamer. Wenn ich dich zum Abendessen erwarte, musst du entweder kommen oder dich entschuldigen. Lebe wohl!

Einführungssätze

Plinius lädt Marcus und Sextus ein. Die Freunde kommen zum Abendessen.

Plinius: »Ich sehe meine Freunde.«

Aufgaben zum Lektionstext

1. Wer? Gaius Plinius (Z. 1, Z. 8) = dominus (Z. 5), familia (Z. 5), domina (Z. 5) – alle diese bilden nos (Z. 13); Septicius Clarus (Z. 2, Z. 6, Z. 8) = amicus (Z. 7) = te (Z. 9, Z. 16) und alius (Z. 11) bzw. alios (Z. 15) bilden vos (Z. 12)

   Wo? Ad cenam – im Haus des Plinius

   Wann? Ad cenam – am frühen Abend

   Was? Cena – Abendessen

   Wozu? Exspectat – man wartet auf Septicius Clarus

2. Textform: Bericht/Brief

   Personalformen: 3. Pers. Sg. und 3. Pers. Pl./1., 2. und 3. Pers. Sg. und Pl.

   Inhalt: Darstellung des Wartens/Beschwerde über das Fehlen des Gastes

3. Speisen

Bei Plinius	Bei einem anderen
vīnum, olīvās, cāseōs, pānem, botellōs, ōva	ostrea, vulvās, echīnōs

   Weitere Vergnügungen:

Bei Plinius	Bei einem anderen
Comoedos, lectorem, lyristen	Gaditanas, scorta

4. Trotz der freundlich (scheinenden) Grußformel beginnt der Brief mit zwei empörten rhetorischen Fragen. Nach der Vorstellung des eigenen Speisenangebotes folgt erneut eine rhetorische Frage (Sed tu – quid facis?). Ferner vergleicht Plinius sein – v. a. kulinarisches – Angebot mit dem anderer Gastgeber mithilfe der Antithese sed. Ausrufezeichen markieren sein Unverständnis, diese Gaben abzulehnen (v. a. Apud alium cenas!).

5. Plinius gibt zu, dass sein Angebot nicht so üppig (apparatior) ist wie das anderer, dafür aber fröhlicher (hilarior); denn bei anderen sind Tänzerinnen und Dirnen neben exquisiten Speisen für einen netten Abend erforderlich. Plinius kann dies gerade durch ein ehrliches, einfaches Essen erreichen. Daher wirkt Plinius wie der Vertreter einer urrömischen, einfachen Lebensweise, während andere als neureiche, dekadente oder morallose Gastgeber erscheinen, die ihren Luxus mit allem Pomp bei der Auswahl von Speisen, Unterhaltung und Personal in Szene setzen müssen, um Anerkennung zu erhalten.

6. Das deutsche Abendessen ist in Teilen mit einer cena zu vergleichen. Einige Speisen wie Austern, Gebärmütter und Seeigel lassen sich höchstens in ausgewählten Spezialitätenrestaurants finden. Oliven, Käse, Brot, Würstchen, Eier und Wein könnten Bestandteil von Fingerfood etwa bei einer Party oder beim gemeinsamen Fernsehen sein. Bei einem typischen Abendessen würde man ggf. Oliven gegen Obst eintauschen.

Übungen

1. ad: zu/nach/bei; videre: sehen; facere: machen; neque/nec: und nicht; sed: aber/sondern; dicere: sagen; est/sunt: ist/sind; habere: haben.

2. amicos, cenam, iam, exspectant, parata sunt, sed, non venit, facit, apud alios amicos, cenat.

3. a) Zeitangaben: saepe, iam, diu, hodie, semper
   b) Einladung: cena, invitare, venire, amicus, familia, vinum

4.

   Plinius amicos invitat — cena — amicum exspectat

   deliciae paratae sunt: — Septicius non venit

   vinum, olivae, caseum — apud alium cenat

   Plinius lädt gerne Freunde zum Essen ein. Auch heute wartet er auf einen Freund. Das Essen ist schon fertig, aber sein Gast kommt nicht. Denn der isst lieber bei jemand anderem.

5.

Substantiv	Verb	Unveränderlich
cenam – das Abendessen	dicis – du sagst	ad – zu, hin, bei
amici – die Freunde	sunt – sie sind	si – wenn, falls
vinum – der/den Wein	venio – ich komme	nec – und nicht
	facimus – wir machen	apud – bei
	vides – du siehst	diu – lange

6. habeo → habere »haben« → Verb
   familias → familia »Familie« → Substantiv
   amici → amicus »Freund« → Substantiv
   videmus → videre »sehen« → Verb
   faciunt → facere »machen« → Verb

7. Gaium, Titum, Liviam, Gnaeum, Pomponiam. Plinius lädt Gaius, Titus … ein.

8. z. B. Quintum, Sextum, Sabinam, Aureliam

9. Alle Köstlichkeiten sind bereit: Oliven und Trauben … (Nominative: uvae, malum/mala, bulbus/bulbi, ovum/ova, caseus/casei, pullus/pulli)
   Aber Plinius hat keine Seeigel und keine … (Akkusative: uvam/uvas, malum/mala, bulbum/bulbos, ovum/ova, caseum/caseos, pullum/pullos)

10.

	Sing.	Pl.
Nom.	dominus, cena, vinum	cuncta, deliciae, amici
Akk.	vinum, familiam	cuncta, delicias, amicos

11.

Singular	Plural
alius	alii
cenam	cenas
dominum	dominos
vinum	vina
familia	familiae
amicus	amici

12. a) Plinius amicos invitat. Plinius lädt Freunde ein.
       Subjekt Objekt Prädikat
    b) Plinius amicos videt: Amici veniunt. Plinius sieht: Seine Freunde kommen.
       Subjekt Objekt Prädikat Subjekt Prädikat
    c) Septicium non videt: Septicius non venit. Septicius sieht er nicht. Septicius kommt nicht.
       Objekt Prädikat/Subjekt Subjekt Prädikat

13. a) Dominus amicos invitat. Der Herr lädt Freunde ein.
    b) Familia cenam exspectat. Die Familie wartet auf das Essen.
    c) Septicius ad cenam non venit. Septicius kommt nicht zum Essen.
    d) Cuncti diu amicos exspectant. Alle warten lange auf die Freunde.
    e) Deliciae paratae sunt. Köstlichkeiten sind vorbereitet.

14. Er erwartet …; Ich erwarte …; Ihr kommt nicht. Du erzählst Witze.

15. a) sie sehen – er sieht – ich sehe
    b) du siehst – wir sehen – ihr seht
    c) du sagst – ihr macht – ich komme – er hat
    d) er erwartet – du lädst ein – wir bereiten – sie speisen

16. a) laborat → (laborare) → er, sie, es arbeitet | monetis → (monere) → ihr ermahnt | ducunt → (ducere) → sie führen | legimus → (legere) → wir lesen
    b) iubet → (iubere) → er, sie, es befiehlt | accipio → (accipere) → ich nehme an | credunt → (credere) → sie glauben | scis → (scire) → du weißt

17. a) Die Herrin schickt ihre Dienerin zum Markt. – b) Viele Sklaven kaufen Nahrungsmittel. – c) Ein Mädchen bringt Getreide und Wasser.

18. a) Amicae → amica → Freundin | filios → filius → Sohn | villam → villa → Landhaus | deum → deus → Gott | famam → fama → Gerücht
    b) fata → fatum → Götterspruch | vota → votum → Wunsch | pueros → puer → Junge | viri → vir → Mann | agrum → ager → Acker

19. Die Formen gehören offensichtlich zu *videre* → *videre* ist ein Verb → Nachschlagen in der Tabelle bei den Verbformen:
    a) Imperfekt: er, sie, es sah – b) Futur I: wir werden sehen – c) Imperativ Plural: seht!

Lektion 2

Lektionstext
Auch heute erwartet Plinius viele Freunde zu einem Abendessen.
Denn oft speist er mit Freunden.
Zur zehnten Stunde kommen sie an und sagen: »Sei gegrüßt!«
Sie sind bereits im Esszimmer, speisen und bitten um Wein.
Marcus: »He, Sklaven! Wo seid ihr? Wo ist der Wein? Immer dasselbe – sie hören nicht!«
Die Sklaven kommen und bringen Wein: »Wir sind schon da!«
Plinius: »Ihr seht: Meine Sklaven sind nicht faul. Aber manchmal arbeiten sie nicht genug«.
Marcus: »Du bist zu nett zu deinen Leuten … – Wenn sie ihren Herrn nicht fürchten, arbeiten sie ohne Sorgfalt.«
Publius: »Ich halte viele Sklaven für meine Freunde. Sie speisen mit mir, wir diskutieren über das Leben, ihre Kinder spielen mit meinen Kindern … Sklaven haben ein schlechtes Schicksal. – «
Marcus: »Keineswegs! Folgendes habe ich über ›gute‹ Sklaven gehört: Die Sklaven fangen ihren Herrn Larcius, greifen ihn mit einem Schwert an und töten ihn«.
Plinius: »Ja, wir werden durch Gefahren bedrängt, aber nicht nur von Sklaven, sondern vom Schicksal. Daher sagst du die Wahrheit, Publius.«

Einführungssätze
Plinius erwartet gute Freunde.
Sie kommen in der zehnten Stunde. Die Freunde speisen mit Plinius.
Sklaven, wo seid ihr? – Wir sind schon da.

Aufgaben zum Lektionstext
1. Plinius veranstaltet ein Abendessen *(cena)* für Freunde *(amici)* zur zehnten Stunde *(decima hora)*.

2. Gruppe 1: Plinius und seine beiden Gäste Marcus und Publius (Gastgeber und Gäste): unterhalten sich und speisen – Gruppe 2: die Sklaven: bewirten die Gäste

3. Publius: Man kann Sklaven als Freunde betrachten und mit ihnen speisen. Marcus wirft Plinius vor, er gehe zu lasch mit seinen Sklaven um. Sklaven sollen ihren Herrn fürchten.

4. Plinius vermittelt zwischen den Positionen. Er stellt fest, dass seine Sklaven von ihrem Naturell her zwar nicht faul seien, wohl aber nicht immer das täten, was ihnen aufgetragen sei. Die Gefahr, von Sklaven attackiert zu werden, bestehe durchaus, aber sie gehe nicht *per se* von Sklaven, sondern vom Schicksal aus. Er unterstützt den sklavenfreundlichen Publius, weil er sich am Ende an ihn wendet und konkret sagt: *vere dicis.*

Übungen

1. a) Gegenteile: *servus – dominus; audire – dicere; cum – sine; bonus – malus*
   b) Sachfelder: Familie: *familia: servus, dominus* | Wahrnehmung: *audire, dicere, videre* | Präpositionen: *cum, sine* | Qualität: *bonus, malus* | Gefahr: *metuere, gladius, periculum, occidere* | Leben und Sterben: *occidere, vita, cura*

2. a) *servus*, Sklave – *vita*, Leben – *amicus*, Freund – *cura*, Sorge
   b) *audire*, hören – *agere*, treiben – *occidere*, töten
   c) *gladius*, Schwert – *puer*, Junge – *fortuna*, Schicksal
   d) *ego*, ich – *esse*, sein – *periculum*, Gefahr

3. a) bitten um – b) aufsuchen – c) sich bewerben um – d) angreifen – e) bitten

4. a) bekommen – b) fangen – c) ergreifen – d) greifen – e) fassen – f) einnehmen

5. a) feiern – b) ausüben – c) führen – d) ausführen – e) verhandeln – f) betreiben, tun

6. Quinto – Sexto – Gaio – amico | Iulia – Aurelia – Gaia | servis – liberis – multis amicis; Plinius speist mit Quintus …

7. a) cum amicis – b) decima hora – c) cum gladio – d) cum cura – e) sine liberis – f) in periculo

8. a) Akk. Pl. mask.: ich sehe meine Kinder – b) Abl. Pl. mask. oder fem.: mit guten Freunden/Freundinnen – c) Abl. Sg. fem.: ich fürchte um dein Leben – d) Abl. Sg. mask.: ich höre von dem guten Herrn – e) Akk. Sg. fem.: ich fürchte ein schlimmes Schicksal – f) Abl. Pl. neutr.: in vielen Gefahren

9. amico, liberis, amicis bonis, puero – ich spiele mit meinem Freund, den Kindern, guten Freunden, einem Jungen | dominum, servos, servum malum, multa/multas/multos – ich fürchte meinen Herrn, die Sklaven, den bösen Sklaven, viele Dinge/Frauen/Leute

10. liberos meos, de domino malo, cum servis bonis, fortunam bonam, puerum tuum

11. a) dominum bonum: Sklaven fürchten einen guten Herrn nicht. – b) in magnis periculis: Denn häufig … in vielen Gefahren – c) de vero amico: Heute sage ich über einen wahren Freund …

12. a) sie sagen – ich höre – ihr seid | b) du tötest – ich bin – wir spielen | c) du bist – du fängst – wir kommen – sie sind

13. a) putat (er glaubt) – b) audimus (wir hören) – c) petitis (ihr greift an) – d) videtis (ihr seht)

14. Plinius speist mit seinen Freunden (abl. soc.), ohne Sklaven (abl. sep.), im Speisezimmer (abl. loci). Die Sklaven greifen zur zehnten Stunde (abl. temp.), mit vielen Schwertern (abl. instr.) Larcius an.

15. a) Servi (Subjekt) magna cura (adv. Best.) laborant (Prädikat). *Die Sklaven arbeiten mit großer Sorgfalt.*
    b) Dominus (Subjekt) cum liberis (adv. Best.) cenat (Prädikat). *Der Herr speist mit den Kindern.*
    c) Puer (Subjekt) puerum (Objekt) gladio (adv. Best.) petit (Prädikat). *Ein Junge greift einen anderen mit einem Schwert an.*
    d) Amici (Subjekt) decima hora (adv. Best.) veniunt (Prädikat). *Die Freunde kommen zur zehnten Stunde.*
    e) Liberi (Subjekt) sine cura (adv. Best.) ludunt (Prädikat). *Die Kinder spielen ohne Sorge.*
    f) Plinius (Subjekt) multa (Objekt) de servis (adv. Best.) audit (Prädikat). *Plinius hört vieles über Sklaven.*

16. a) kleine – großer – wenige | b) berühmte – weites – bedeutende | c) schön – zahlreiche – rechte

17. a) Der Herr besitzt viele Sklaven. – b) Die Sklaven verrichten viele Aufgaben – c) Der Herr liebt eine schöne Dienerin. – d) Aber die Dienerin fürchtet den Zorn ihrer Herrin.

18. a) von großer Sorgfalt (abl. qualitatis) – b) als deine Sklaven (abl. comparationis) – c) um vieles (abl. mensurae) – d) aufgrund von Schicksal und Freunden (abl. causae)

19. a) Plinius speist mit seinen Sklaven. – b) Wenn Plinius speist, lädt er Freunde ein. – c) Der Freund kommt, wenn/weil er eingeladen ist. – d) Der Freund kommt nicht, obwohl er eingeladen ist.

Lektion 3

Lektionstext

Vielen Römern gefällt es nämlich, die Thermen aufzusuchen – und Seneca wohnt über einem Bad. Daher hört er auf allen Seiten verschiedenartigen Lärm:
Er hört die Stimme von Männern und Frauen, wenn sie spielen oder trainieren.
Er hört das laute Geräusch von Wasser, wenn sie in das Schwimmbecken springen.
Er hört die schrille Stimme eines Haarausrupfers: Niemals schweigt er. Er zwingt sogar andere dazu zu schreien.

Er hört einen Wurstverkäufer, Garküchenbetreiber und einen Zuckerbäcker: »Schau! Ich habe verschiedene Plätzchen.«
»Ich habe die besten Plätzchen von Baiae.«
»Du musst sie von mir kaufen. Sieh: Ich gebe dir zwei Plätzchen. Ich gebe dir auch für deinen Sohn und für deine schöne Tochter süße Kringel.«
Plötzlich ist das Geschrei von vielen Männern zu hören:
»Wo ist meine Toga?«
»Ein Dieb! Ein Dieb!«
»Seht! Er hat die Toga von Marcus Claudius!«
»Los, ihr Sklaven! Haltet den Dieb!«
Andere Männer hören den Lärm und gehen mit ihren Sklaven auf den Dieb los. Schon ergreifen sie den bösen Mann, halten ihn fest und geben dem Herrn seine Toga.
Und Seneca? Er zwingt seinen Geist, nur auf sich selbst gerichtet zu sein, und gibt sich seinen Studien hin. Denn für einen stoischen Philosophen ist Stille nicht erforderlich.

Einführungssätze

Seneca ist Herr vieler Sklaven.
Er ist der Herr von Rufus, Gallus, Lydia und vieler weiterer Frauen.
Seneca sagt Lucilius, Paulina und anderen Freunden:
Komm! Kommt!

Aufgaben zum Lektionstext

1. Wortfeld Lärm und Ruhe: *varius clamor, vox virorum et feminarum, ludere, se exercere, magnus sonus aquae, in piscinam salire, stridula vox, tacere, clamare, botularius, popinarum institores, crustularius*

2. Personen und Tätigkeiten:
   Seneca: wohnt über einem Bad *(habitat)* und hört den Lärm *(audit)*
   Viri/feminae: spielen, trainieren, springen ins Wasser *(ludunt, se exercent, saliunt)*
   Alipilus: rupft anderen die Haare aus, zwingt andere zu schreien *(numquam tacet, cogit)*
   Botularius, popinarum institores, crustularius: preisen ihre Waren an
   Fur: stiehlt eine *toga (habet togam)*
   Marcus Claudius: Opfer des Diebstahls
   Alii viri/servi: fangen den Togadieb *(audiunt, petunt, capiunt, tenent, dant)*

3. Der Haarausrupfer fügt durch seine Tätigkeit denen Schmerzen zu, denen er die Haare ausrupft. So kann er auch noch anderen Schreie entlocken.

4. Gegensatz: Seneca kann sich zwingen, zur inneren Ruhe zu gelangen. Auf diese Weise schirmt er seinen Geist gegen den äußeren Lärm ab.

5. sprachliche Mittel: Anapher *(audit)*; Alliteration *(vocem virorum)*; Homoioteleuton *(virorum et feminarum)*; Parallelismen, asyndetisches Trikolon, Klimax *(audit vocem, audit magnum sonum, audit stridulam vocem)*; Exclamatio, Imperativ *(Vide).*

6. Angebote römischer Thermen und moderner Badeanstalten:
   Ludere, se exercere – Schwimmbecken, Außenbereiche mit Spielwiesen, Indoorbereiche mit Fitnessmöglichkeiten
   In piscinam salire – Sprungbretter, Sprungtürme
   Alipilus – Wellness-Oasen, Massagebereiche, Nagelstudios, Sauna
   Botularius, popinarum institores, crustularius – Imbissstationen, Würstchenbuden, Restaurant

Übungen

1. tacere, silentium, femina, numquam

2. Söhne und Töchter haben – eine schöne Toga kaufen – Ruhe bewahren – vielen Männern gefallen – niemals schweigen

3. a) Geist – b) Sinn – c) Geist – d) Sinn – e) Mut – f) Geist

4. a) versammeln – b) zwingen – c) auftreiben – d) zusammenfassen – e) zusammentreiben

5. a) halten – b) einhalten – c) lenken – d) halten – e) festhalten – f) in seiner Hand halten

6. a) z.B. gladius *Marci, Sexti* – b) z.B. amicus *Senecae, Romanorum, familiae, filiorum, liberorum, servorum* – c) z.B. servus *Iuliae, filiarum*

7. a) *servorum:* Herr der Sklaven – b) *puerorum:* Leben der Jungen – c) *studii:* Stunde der wissenschaftlichen Bemühung – d) *filiae:* Sorge der Tochter/um die Tochter – e) *philosophorum:* Schweigen der Philosophen

8. *vinum Gaio placet:* der Wein gefällt/erfreut Gaius; *cena Liviae placet:* das Essen gefällt/schmeckt Livia; *amicus Senecae placet:* der Freund gefällt/macht Seneca Freude; *vita Romanis placet:* das Leben gefällt den Römern; *serva filiis placet:* die Sklavin gefällt den Söhnen; *cura liberis placet:* die Fürsorge gefällt den Kindern; *domina servis placet:* die Herrin gefällt den Sklaven; *servus feminis placet:* der Sklave gefällt den Frauen.

9. a) Seneca verfügt über viele Sklaven. – b) Marcus Claudius besitzt eine schöne Toga. – c) Römische Familien haben viele Sklaven.

10. a) Akk. Sg. mask. und neutr. und Nom. Sg. neutr.
    b) Gen. Sg. mask. und neutr. und Nom. Pl. mask.
    c) Dat. und Abl. mask. und neutr. Sg.
    d) Dat. und Abl. Pl. mask., fem. und neutr.
    e) Gen. und Dat. Sg. und Nom. Pl. fem.
    f) Nom. und Abl. Sg. fem. und Nom. und Akk. Pl. neutr.

11. a) Nom. Pl. – Gen. Sg.: die Männer kommen – das Schweigen des Mannes
    b) Dat. Sg. – Gen. Sg. – Nom. Pl.: der Tochter ein Geschenk geben – die Geschenke der Tochter sind schön – die Töchter kommen nicht zum Abendessen
    c) Abl. Pl. – Dat. Sg.: ich speise mit meinem Freund – meinem Freund gefällt der Wein
    d) Abl. Pl. – Dat. Pl.: ohne Sklaven – den Sklaven gefällt ihr Leben nicht

12.

Nom. Sg.	vir	femina	periculum	Nom. Pl.	viri	feminae	pericula
Gen. Sg.	viri	feminae	periculi	Gen.Pl.	virorum	feminarum	periculorum
Dat. Sg.	viro	feminae	periculo	Dat. Pl.	viris	feminis	periculis
Akk. Sg.	virum	feminam	periculum	Akk. Pl.	viros	feminas	pericula
Abl. Sg.	viro	femina	periculo	Abl. Pl.	viris	feminis	periculis

13.

Nom. Sg.	der Mann	das Kind	die Frau	Nom. Pl.	die Männer	die Kinder	die Frauen
Gen. Sg.	des Mannes	des Kindes	der Frau	Gen.Pl.	der Männer	der Kinder	der Frauen
Dat. Sg.	dem Mann	dem Kind	der Frau	Dat. Pl.	den Männern	den Kindern	den Frauen
Akk. Sg.	den Mann	das Kind	die Frau	Akk. Pl.	die Männer	die Kinder	die Frauen

14. a) kommt! – b) bleibt ruhig! – c) sieh dir die Kinder an! – d) bereitet das Essen zu! – e) gib den Kindern Essen!

15. a) Familienessen– b) Kinderlärm – c) Sklavenpflicht/Sklavenarbeit – d) Literaturstudium – e) Lebensgefahr

16. a) Untergewand – Gewand – Sandale | b) Schabeisen – Öl | c) kaltes – lauwarmes – heißes Wasser | d) Ballspielen – sich unterhalten – den Körper trainieren | e) erschöpfte Männer – zufriedene Männer – nach Essen gierige Männer

17. a) Die Männer legen ihre Untergewänder ab. – b) Die Sklaven bewachen alle Güter. – c) Die Herren betreten das lauwarme Bad. – d) Dort bleiben sie viele Stunden lang. – e) Schließlich kehren sie nach Hause zurück.

18. a) *genitivus partitivus:* Ein Teil der Römer sucht die Thermen auf. – b) *genitivus qualitatis:* Ein Dieb ist ein sehr böser Mann. – c) *genitivus pretii:* Eine Toga ist sehr teuer. – d) *genitivus subiectivus:* Sorgfalt der Sklaven; *genitivus obiectius:* Sorge um die Sklaven – e) *Dativus finalis:* Ich mache mir große Sorgen um die Kinder. – f) *Dativus possessivus:* Viele Menschen haben ein gutes Leben. – g) *Dativus auctoris:* Ein Philosoph muss still sein.

19.

Verbform	Bestimmung	Übersetzung
cogebant	3. Pers. Pl. Ind. Imperf. Akt.	sie zwangen
tenebit	3. Pers. Sg. Fut. I Akt.	er wird halten
clamabitis	2. Pers. Pl. Fut. I Akt.	ihr werdet schreien
placebamus	1. Pers. Pl. Ind. Imperf. Akt.	wir gefielen
ludent	3. Pers. Pl. Fut. I Akt.	sie werden spielen
audies	2. Pers.Sg. Fut. I Akt.	du wirst hören
putabo	1. Pers. Sg. Fut. I Akt.	ich werde glauben
habebas	2. Pers. Sg. Ind. Imperf. Akt.	du hattest

Lektion 4

Lektionstext

Viele Menschen befinden sich im Amphitheater: Alte und Junge, Reiche und Arme.

Auch Seneca ist da und schaut zu. Denn er erwartet Scherze, witzige Ideen und irgendetwas zur Erholung, wodurch sich die Augen der Menschen vom menschlichen Blut erholen.

Mit gewaltiger Stimme schreit das Volk:

»Töte, schlage, verbrenne!«

»Warum läuft er so ängstlich ins Schwert?«

»Warum flieht er so ängstlich vor Verwundungen?«

»Warum stirbt er so ängstlich?«

»Warum fürchtet er sich vor dem Tod?«

Der Kampf ist heftig. Plötzlich schreit einer von den Gladiatoren mit lauter Stimme, stürzt und bewegt sich nicht mehr. Er ist tot! Die aufgeregten Zuschauer rufen den Namen des Siegers.

Seneca: »Das sind keine Kämpfe mehr, sondern Mord und Gemetzel! Die Gladiatoren können sich nicht schützen; nicht durch einen Helm, nicht durch einen Schild wehren sie das scharfe Schwert ab; am ganzem Körper sind sie ungeschützt. Aber wozu Rüstungen? Wozu Kampfkünste? Dies alles sind Verzögerungen ihres Todes.«

Einführungssätze

Viele Menschen sind da. Seneca sieht verschiedene Menschen.

Seneca sieht einen reichen und einen armen Mann.

Seneca sagt zu einem guten Mann: »Warum gefällt das Blut von Menschen vielen Menschen? Das Herz des Menschen ist böse.«

Aufgaben zum Lektionstext

1. Ort: *amphitheatrum*; Teilnehmer: *multi homines: senes, iuvenes, divites, pauperes*, Seneca; *populus*; Zweck: alle erwarten *lusus, sales, aliquid laxamenti*

2. 5 Abschnitte:
   - Abschnitt 1 (Z. 1–2): *multi homines in amphitheatro*: viele Menschen kommen ins Amphitheater, weil sie etwas sehen wollen
   - Abschnitt 2 (Z. 3–4): *Seneca lusus exspectat, sales, aliquid laxamenti*: Seneca sucht abwechslungsreiche Unterhaltung im Amphitheater
   - Abschnitt 3 (Z. 5–10): *populus clamat, timide incurrit, timet*: die Zuschauer verlangen blutige Spiele, aber die Gladiatoren sind ängstlich
   - Abschnitt 4 (Z. 11–13): *pugna acris, mortuus*: der heftige Kampf führt zum Tod eines Gladiators
   - Abschnitt 5 (Z. 14–17): *caedes, homicidia*: Gladiatorenspiele sind tatsächlich Mord

3. Z. 6: Asyndetisches Trikolon, Klimax: *occide, verbera, ure*: Das Publikum verlangt immer grausamere Arten des Kampfes.
   Z. 7–10: Anapher, rhetorische Fragen: *cur tam timide …?* Das Publikum will nicht wahrhaben, dass auch Gladiatoren Angst um ihr Leben haben.

4. Seneca ist der Meinung, dass das Schauspiel, das er sieht, keine richtigen Kämpfe *(non pugnae)* seien, sondern reines Morden *(caedes et homicidia)*. Denn die Kämpfer haben weder Rüstung noch Schild und anscheinend auch keine Ausbildung zum Kämpfen *(artes)*, sodass sie schnell tödlich verwundet sind. Und genau das ist anscheinend intendiert, denn alle Rüstung und Ausbildung verzögert nur den Eintritt des Todes *(mortis morae sunt)*.
   Allerdings muss man bedenken, dass Seneca hier nicht über die »echten« Gladiatorenkämpfe berichtet, sondern das »Pausenprogramm« – also die Hinrichtung von Verbrechern – miterlebt. Dass dies als öffentliches Schauspiel inszeniert wird, appelliert an die Sensationsgier der Menschen und wird auch von uns heute abgelehnt.
   Natürlich waren auch die regulären Gladiatorenkämpfe teilweise blutig, doch ging es hier – wie bei heutigen Boxkämpfen – auch um Geschicklichkeit und Kampftechnik. Da es viel Geld gekostet hatte, die Gladiatoren auszubilden, endete der Kampf nicht zwangsläufig mit dem Tod des Verlierers.

Übungen

1. alter Mann – junger Mann | vertreiben – fliehen | sehen – hören | das ganze Volk – ein einziger Mensch | heftiger Kampf – Stille

2. dem Tod entkommen – auf das Essen warten – im heftigen Kampf – das Schwert zurückstoßen – Verletzungen fürchten – mit lauter Stimme rufen

3. *spectaculum*: Substantiv, Schauspiel – *nominare*: Verb, nennen – *pugnare*: Verb, kämpfen – *vocare*: Verb, rufen – *vincere*: Verb, siegen; *victoria*: Substantiv: Sieg – *timor*: Substantiv: Furcht; *timidus, a, um*: Adjektiv: ängstlich

4. a) Kampf und Tod: *cura, vita, gladius, periculum, vulnus, occidere, mors, mortuus, timere, pugna, acer, cadere, caedes, pellere, corpus, repellere*

   b) Menschen: *familia, dominus, servus, puer, liberi, vir, femina, filius, filia, homo, senex, iuvenis, populus*

   c) Bewegung: *venire, facere, cenare, laborare, agere, ludere, exercere, salire, currere, ef-fugere, movere*

5. a) Abl. Pl.: von den Menschen – b) Dat. Sg.: einem Menschen Essen geben – c) Akk. Sg./Akk. Pl.: Tod und Mord fürchten → Mord und Totschlag fürchten – d) Akk. Pl.: Verwundungen entgehen – e) Nom. Pl. neutr./Gen. Pl. mask.: die Namen der Sieger sind bekannt – f) Akk. Pl. f.: alle Künste ausüben

6. Akk.: Ermordungen ansehen – Nom.: das Blutbad ist riesig

   Akk.: den Namen sagen – Nom.: der Name ist

   Nom.: die Menschen fürchten sich – Akk.: Menschen fürchten

   Akk.: die Wunden bedecken – Nom.: die Verwundung ist schlimm

   Akk.: alten Männern zuhören – Nom.: die alten Männer hören zu

   Nom.: die Körper fallen – Akk.: die Körper bedecken

7.

	Singular			Plural		
Nom.	*homo*	*vulnus*	*vox ingens*	*homines*	*vulnera*	*voces ingentes*
Gen.	*hominis*	*vulneris*	*vocis ingentis*	*hominum*	*vulnerum*	*vocum ingentium*
Dat.	*homini*	*vulneri*	*voci ingenti*	*hominibus*	*vulneribus*	*vocibus ingentibus*
Akk.	*hominem*	*vulnus*	*vocem ingentem*	*homines*	*vulnera*	*voces ingentes*
Abl.	*homine*	*vulnere*	*voce ingenti*	*hominibus*	*vulneribus*	*vocibus ingentibus*

8.

	Singular		
Nom.	*homo bonus*	*vulnus malum*	*pugna acris*
Gen.	*hominis boni*	*vulneris mali*	*pugnae acris*
Dat.	*homini bono*	*vulneri malo*	*pugnae acri*
Akk.	*hominem bonum*	*vulnus malum*	*pugnam acrem*
Abl.	*homine bono*	*vulnere malo*	*pugna acri*

	Plural		
Nom.	*homines boni*	*vulnera mala*	*pugnae acres*
Gen.	*hominum bonorum*	*vulnerum malorum*	*pugnarum acrium*
Dat.	*hominibus bonis*	*vulneribus malis*	*pugnis acribus*
Akk.	*homines bonos*	*vulnera mala*	*pugnas acres*
Abl.	*hominibus bonis*	*vulneribus malis*	*pugnis acribus*

9. *victor:* Nom. Sg. m. + *mortuus* | *cum senibus:* Abl. Pl. m. + *multis* | *vocem:* Akk. Sg. f. + *pulchram* | *homines:* Nom. Pl. m. + *cuncti* | *pericula:* Nom./Akk. Pl. n. + *ingentia* | *pugnas:* Akk. Pl. f. + *acres* | *corpore:* Abl. Sg. n. + *toto*

10. *voce:* Abl. Sg. f. + *pulchra* oder + *magna* | *amici:* Nom. Pl. m. + *omnes* oder Gen. Sg. m. + *acris* | *hominum:* Gen. Pl. m. + *mortuorum* | *in pugnis:* Abl. Pl. f. + *ingentibus* | *vulnus:* Nom./Akk. Sg. n. + *malum* | *gladii:* Gen. Sg. m. + *acris* oder Nom. Pl. m. + *omnes* | *corpora:* Nom./Akk. Pl. n. + *magna* oder *puchra*

11. a) *sunt:* Alle befinden sich im Amphitheater. – b) *sum:* Auch ich bin anwesend. – c) *sumus:* Im Amphitheater können wir Menschen beobachten. – d) *estis:* Auch ihr seid da. – e) *est:* Der gute/fähige Gladiator ist der Sieger. – f) *est:* Denn er kann seinen Körper mit einem Schild decken. – g) *sumus:* Die Zuschauer (rufen): Wir sind fröhlich. – h) *sunt:* Schöne Kämpfe können uns gefallen. – i) *es:* Und du? Wo bist du jetzt?

12. a) *Seneca* (Subjekt) *animum* (Akk.-Objekt) *exercet* (Prädikat). Seneca trainiert seinen Geist.

    b) *Corpora* (Akk.-Objekt) *Romani* (Subjekt) *exercent* (Prädikat). Die Römer trainieren ihre Körper.

    c) *Seneca* (Subjekt) *silentium* (Akk.-Objekt) *petit* (Prädikat). Seneca strebt nach Ruhe.

    d) *Romani* (Subjekt) *numquam* (Adverbiale!) *tacent* (Prädikat). Die Römer schweigen niemals.

    e) *Seneca* (Subjekt) *homines* (Akk.-Objekt) *fugit* (Prädikat). Seneca meidet die Menschen.

    f) *Populus* (Subjekt) *spectat* (Prädikat) *pugnas* (Akk.-Objekt). Das Volk schaut sich Kämpfe an.

13. *Seneca mortem non timet.* Seneca fürchtet den Tod nicht.

    Romani silentium petunt. Die Römer streben nach Ruhe.

    Romani pugnam spectant. Die Römer sehen sich den Kampf an.

    Victor vulnera fugit. Der Sieger meidet Verletzungen.

    Victor homines occidit. Der Sieger tötet Menschen.

14. a) Übt einen gesunden Geist in einem gesunden Körper. | b) Ertragt Unglück! – c) Meide die Masse! – d) Richtet euer Augenmerk auf die Milde! – e) Strebe nach Weisheit! – f) Macht die Vernunft zu eurer Anführerin!

15. exspectavit: 3. Pers. Sg. Ind. Perfekt Aktiv; er hat gewartet – exspectaverunt: 3. Pers. Pl. Ind. Perfekt Aktiv; sie haben gewartet – exspectaveram: 1. Pers. Sg. Ind. Plusquamperfekt Aktiv; ich hatte gewartet

16. a) Nom. Sg. m. | Akk. Sg. f. (Tabelle e-Deklination): Der Tag ist schön. Die Männer machen sich große Hoffnung.
    b) Akk. Sg. m. (Tabelle u-Deklination): Denn sie sehen einen Hafen im Amphitheater.
    c) Nom. Sg. m. | Abl. Sg. m. | Akk. Pl. f.: Das Heer besteigt im Hafen Schiffe.
    d) Akk. Sg. f. | Gen. Sg. m.: Die Römer vertrauen auf den Sieg ihres Heeres.

Lektion 5

Lektionstext

Doch die Barbaren haben den Plan der Römer erkannt. Daher schickten sie ihre Reiterei und Streitwagen voraus. Auch ihre übrigen Truppen kamen, um unsere Leute daran zu hindern, aus den Schiffen auszusteigen.

Die Lage gestaltete sich sehr schwierig: Unsere Soldaten mussten unter der Last ihrer großen und schweren Waffen aus den Schiffen herabspringen und in den Wellen gegen die Feinde kämpfen. Die Feinde schleuderten entweder vom Trockenen aus oder ein wenig ins Wasser vorgerückt ihre Wurfgeschosse und trieben ihre Pferde an. Unsere Leute konnten, nachdem sie erschreckt worden waren, nicht mit großem Eifer kämpfen. Sobald Caesar dies sah, bewegte er wendige Kriegsschiffe an die ungeschützte Flanke der Feinde heran und befahl, die Feinde mit Wurfgeschossen zurückzuschlagen und von der Stelle zu bewegen. Das war sehr nützlich.

Aber unsere Soldaten zögerten vor allem wegen der Tiefe des Meeres. Daher rief derjenige Soldat, der den Adler trug, die Götter an: »Gute Götter! Stets habt ihr uns unterstützt, wenn wir um eure Hilfe gebeten haben. Macht, dass die Sache ein glückliches Ende findet!«

Dann sagte er mit lauter Stimme: »Springt ohne Verzögerung herab, wenn ihr nicht den Adler den Feinden ausliefern wollt« und sprang vom Schiff herab und fing an, den Adler gegen die Feinde zu tragen.

Einführungssätze

Caesar griff Britannien an. Er sagte: »Ich bin nach Britannien gekommen.«
Doch die Britannier erwarteten die Römer bereits mit ihrer Reiterei.

Aufgaben zum Lektionstext

1. Z. 1–3: **barbari** (die Barbaren): *cognoverunt* (haben erkannt) – *praemiserunt* (schickten voraus) – *copiae* (Truppen): *venerunt* (kamen) – *egredi prohiberent* (um daran zu hindern, auszusteigen)
   Z. 4–5: **milites nostri** (unsere Soldaten): *desilire et pugnare debuerunt* (waren gezwungen, hinabzuspringen und zu kämpfen)
   Z. 6–7: **hostes** (Feinde): *tela miserunt* (schleuderten Wurfgeschosse) – *equos incitaverunt* (trieben ihre Pferde an) | **nostri** (die Unsrigen): *non pugnare potuerunt* (konnten nicht kämpfen)
   Z. 8–9: **Caesar**: *vidit* (sah) – *movit* (bewegte) – *iussit* (befahl) | *usus* (Nutzen): *magnus erat* (war groß)
   Z. 10–14: **milites nostri**: (unsere Soldaten): *dubitaverunt* (zögerten) | **miles** (ein Soldat): *deos invocavit* (rief die Götter an) – *dixit* (sagte) – *desiluit* (sprang herab) – *ferre coepit* (fing an zu tragen)

2. Z. 5: *de navibus desilire et in fluctibus cum hostibus pugnare* – von den Schiffen hinabspringen und in den Wellen mit den Feinden kämpfen; Z. 10: *maxime propter altitudinem maris*: vor allem wegen der Tiefe des Meeres

3.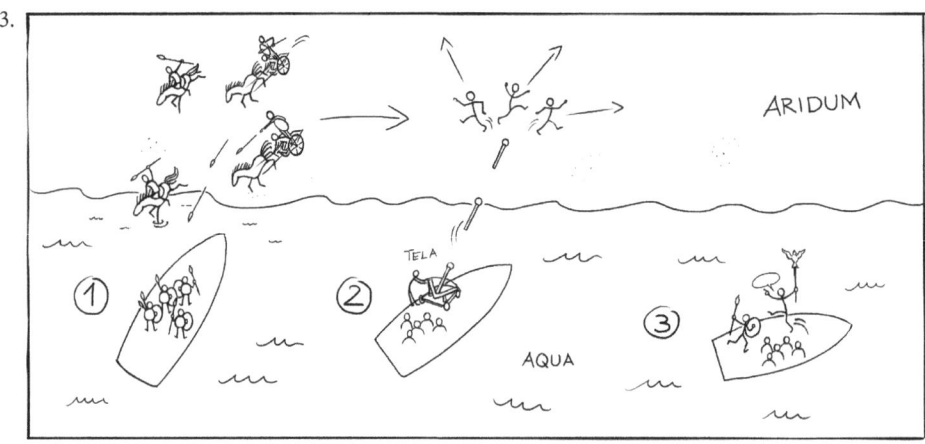

4. Der *aquilifer* appelliert an die Soldatenehre: Es geht nicht darum, ihn als Soldaten zu schützen, sondern den Adler als Symbol der ganzen Einheit zu retten. Der Verlust des Adlers würde die Ehre der gesamten Einheit in Frage stellen.

5. Caesar stellt das Geschehen scheinbar neutral aus einer auktorialen Perspektive dar; deswegen redet er nicht von sich selbst als Befehlshaber in der ersten, sondern in der dritten Person. Hierdurch wird glaubhafter, dass die Schwierigkeiten bei der Landung objektiv gegeben waren *(summa difficultas erat)*.
   Selbst wird Caesar hier nur in Z. 8–9 aktiv: Sein Handeln wirkt aufgrund der sehr knappen Darstellung entschlossen und effektiv. Dies unterstreicht auch der kurze Kommentar, dass dies hilfreich war *(usus magnus fuit)*.

Übungen

1. a) Die Feinde kämpfen. – b) Sie schicken die Truppen vor. – c) Dann treiben die Soldaten die Pferde an. – d) Die übrigen zögern nicht, Hilfe zu schicken. – e) Die Gefahren des Meeres erschrecken unsere Leute.

2. die Pläne erkennen – die Waffen ergreifen – mit den Feinden kämpfen – die Pferde antreiben – Geschosse schleudern – von den Schiffen herabspringen – den Feind von allen Seiten angreifen – die übrigen Vorräte/Truppen übergeben

3. *deus:* o-Dekl.; Gott – *corpus:* 3. Dekl.; Körper – *fluctus:* u-Dekl.; Flut – *equus:* o-Dekl.; Pferd – *usus:* u-Dekl.; Nutzen

4. *usui:* usus, Nutzen – *lateris,* latus, Seite, Flanke – *vulneribus,* vulnus: Verwundung – *populis:* populus, Volk

5. a) *copia vini:* Menge an Wein – *copias hostium videre:* die Truppen der Feinde sehen – *copiam amicorum habere:* eine Menge Freunde haben – *copiam armorum tenere:* eine Menge Waffen in der Hand haben
   b) *telum grave ferre:* ein schweres Geschoss tragen – *consilium grave capere:* einen wichtigen Beschluss fassen – *in gravi pugna vincere:* in einem schweren Kampf siegen
   c) *consilium capere:* einen Beschluss fassen – *consilia hostium cognoscere:* die Pläne der Feinde erkennen – *senatus consilium:* der Senatsbeschluss

6. a) *ad: advenire:* ankommen, *adesse:* anwesend sein, *accurrere:* herbeilaufen, *afferre:* herbeibringen
   b) *a, ab: abesse:* entfernt sein, *auferre:* wegtragen
   c) *in: inesse:* enthalten sein, *incidere:* hineingeraten, *immittere:* hineinschicken
   d) *de: demittere:* herabschicken, *decidere:* herabfallen, *desilire:* herabspringen
   e) *prae: praemittere:* vorausschicken, *praeesse:* sich vorne befinden
   f) *e, ex: emittere:* herausschicken, *expellere:* herausschlagen, *efferre:* heraustragen
   g) *cum: concurrere:* zusammenlaufen, *conferre:* zusammentragen

7. equitatus (Nom. Sg. m.) Romanus: die römische Reitertruppe/Reiterei – auxilium equitatus (Gen. Sg. m.): Hilfe der Reiterei/ für die Reiterei – equitatus (Akk. Pl. m.) prae-mittere: die Reitertruppen vorausschicken – equitatus (Nom. Pl. m.) veniunt: die Reitertruppen kommen – magnus usus equitatus (Gen. Sg. m.): großer Nutzen der Reiterei/der Reitertruppe

8. *equitatum:* Akk. Sg., *fluctus:* Akk. Pl.: Caesar schickte die Reiterei in die Wellen. – *fluctibus:* Abl. Pl.: Die Soldaten kämpfen in den Wellen. – *fluctus:* Nom. Pl.: Die Flutwellen des Meeres erschrecken die Soldaten. – *usum:* Akk. Sg.: Die Waffen sind zum Nutzen der Soldaten/nützen den Soldaten. – *usus:* Nom. Sg.: Der Nutzen der Waffen ist groß.

9. *dixi:* **ich** habe gesagt – *pugnavit:* **er/sie/es** hat gekämpft – *fuistis:* **ihr** seid gewesen – *miserunt:* **sie** haben geschickt – *vocavimus:* **wir** haben gerufen – *audivisti:* **du** hast gehört

10.

Präsens	Perfekt	Partizip
movent: sie bewegen	moverunt	moti, ae, a
aperit	aperuit: er, sie, es hat geöffnet	apertus, a, um
vocat: er, sie, es ruft	vocavit	vocatus, a, um
videt	vidit: er, sie, es hat gesehen	visus, a, um
facit: er, sie, es macht	fecit	factus, a, um
incitat: er, sie, es treibt an	incitavit	incitatus, a, um
iubet	iussit: er, sie, es hat befohlen	iussus, a, um
petit: er, sie, es sucht auf	petivit	petitus, a, um
mittit: er, sie, es schickt	misit	missus, a, um
fert: er, sie, es bringt	tulit	latus, a, um
terret: er, sie, es erschreckt	terruit	territus, a, um
pugnat	pugnavit	pugnatum: gekämpft

11. a) *venerunt*; sie sind gekommen/kamen – b) *iussit*: er, sie, es hat befohlen/befahl – c) *viderunt*: sie haben gesehen/sahen – d) *pugnavit*: er, sie, es hat gekämpft/kämpfte – e) *adfuistis*: ihr seid dabei gewesen/wart dabei – f) *audivi*: ich habe gehört/hörte – g) *misimus*: wir haben geschickt/schickten – h) *dixisti*: du hast gesagt/sagtest

12. a) *tulit*: ferre; er, sie, es hat gebracht – b) *diximus*: dicere; wir haben gesagt – c) *adfuistis*: adesse; ihr seid dabei gewesen – d) *movit*: movere; er, sie, es hat bewegt – e) *debuerunt*: debere; sie haben gemusst – f) *dubitavisti*: dubitare; du hast gezögert – g) *incitavit*: incitare; er, sie, es hat angetrieben – h) *misimus*: mittere; wir haben geschickt – i) *paratus, a, um*: parare; bereit(et) – j) *territus, a, um*: terrere; erschreckt – k) *missus, a, um*: mittere; geschickt – l) *apertus, a, um*: aperire; geöffnet

13. a) *amavi*: amare: ich habe geliebt – *laudavisti*: laudare: du hast gelobt
    b) *posuerunt*: ponere: sie haben hingestellt – *duxit*: ducere: er, sie, es hat geführt
    c) *traximus*: trahere: wir haben gezogen – *surrexerunt*: surgere: sie sind aufgestanden
    d) *responderunt*: respondere: sie haben geantwortet – *rogavistis*: rogare: ihr habt gefragt

14. Der römische Feldherr Agricola führte sein Heer nach Britannien. Nahe an der Küste schlug er sein Lager auf. Die Anführer der Britannier riefen ihre Soldaten zum Kampf. Aber die Römer schlugen die Britannier in die Flucht.

15. Offensichtlich sind es Verbformen → in den entsprechenden Tabellen passende Formen suchen:
    a) *exspectaverat*: Plusquamperfekt: er hatte erwartet – *pugnaveras*: Plusquamperfekt: du hattest gekämpft – *miserant*: Plusquamperfekt: sie hatten gschickt
    b) *exspectavero*: Futur II: ich werde erwartet haben/habe erwartet – *aperueritis*: Futur II: ihr werdet geöffnet haben/habt geöffnet

16. Auch diese Formen sind Verbformen → in den entsprechenden Tabellen passende Formen suchen und dann im Bereich »Passiv« nachsehen, wie es übersetzt wird: a) Caesar ist erwartet worden. – b) Pferde sind von den Feinden angetrieben worden. – c) Die Reiterei ist von den Feinden vorausgeschickt worden.

Lektion 6

Lektionstext

Der Kampf war heftig. Dennoch gerieten unsere Leute, weil sie weder die Reihen einhalten noch ihren Feldzeichen folgen konnten, in große Verwirrung. Denn wer auch immer von einem Schiff herabgesprungen war und zum Strand eilte, schloss sich nicht seinem eigenen, sondern irgendeinem Feldzeichen an.

Die Feinde aber, die alle Untiefen kannten, trieben ihre Pferde, sobald sie vom Strand aus einzelne aus den Schiffen aussteigen sahen, an, griffen die schwer bepackten und nicht kampfbereiten Soldaten an, viele umzingelten wenige, andere schleuderten von der ungeschützten Seite Wurfgeschosse auf alle ab.

Als Caesar dies gesehen hatte, füllte er Beiboote mit den Soldaten der Schiffe und schickte denjenigen, die sich – wie er erblickt hatte – in großer Gefahr befanden, Hilfe.

Sobald sich unsere Leute auf dem Strand aufgestellt hatten, griffen sie die Feinde an und schlugen sie in die Flucht. Aber sie konnten ihnen nicht folgen, weil die Reiter nicht ihren Kurs halten und die Insel nicht hatten einnehmen können. Allein dies fehlte Caesar zu seinem früheren Glück.

Sobald sich die Feinde, die in dieser Schlacht besiegt worden waren, fluchtartig zurückgezogen hatten, schickten sie sofort Gesandte zu Caesar wegen des Friedens.

Einführungssätze

Die Römer kämpften lange; ihr Kampf war heftig.
Denn die Feinde hatten die Römer erwartet.

Aufgaben zum Lektionstext

1. Nostri: (neque servare neque subsequi) poterant, perturbabantur, desiluerat, petebat, adgredebatur; constiterunt, impetum fecerunt, in fugam dederunt, non potuerunt subsequi → die römischen Soldaten konnten ihre übliche Kampfformation nicht einhalten, gerieten durcheinander; schließlich gelang es ihnen aber doch noch, vom Schiff zu springen und die Feinde anzugreifen. Zwar schlugen sie diese in die Flucht, konnten aber nicht die Verfolgung aufnehmen.
   Caesar: viderat, complevit, conspexerat, mittebat → Caesar sieht sich die Schlacht aus der Distanz an, ergänzt Truppenkontingente und schickt Leute an die Front.
   Hostes: conspexerant, incitabant, petebant, cicumdabant, iactabant; se (ex fuga) receperunt, (legatos) miserunt → Die Feinde sehen sich das Geschehen an, greifen dann die Römer an; schließlich aber werden sie in die Flucht geschlagen und schicken Gesandte zu Caesar.

2. 1. Absatz im Imperfekt: iterativer Handlungsverlauf *erat, poterant, perturbabantur, petebat, adgregebat*

2. Absatz: Plusquamperfekt für den Hintergrund der Haupthandlung *conspexerant*, anschließend Handlungsverlauf im durativ verwendeten Imperfekt *incitabant, petebant, circumdabant, iactabant*

3. Absatz: Plusquamperfekt für den Hintergrund *viderat*, Perfekt *complevit* für die einmalige Haupthandlung, darin das Plusquamperfekt *conspexerat* für den Hintergrund eingeschoben, und Abschluss mit dem iterativ verwendeten Imperfekt *mittebat*

4. Absatz: Fortsetzung der Haupthandlung durch das Perfekt für einmalige Handlungen *constiterunt, fecerunt, dederunt, potuerunt*, darin eingeschoben die Hintergrundhandlung *potuerant*, Abschluss mit dem Perfekt *defuit*, wiederum für eine einmalige Handlung

5. Absatz: Fortsetzung der einmaligen Handlung im Perfekt: *receperunt, miserunt*

3. Die Römer sind in der Offensive; immer wieder versuchen sie, ihre Schlachtreihen aufzubauen. Dies misslingt jedoch; die Soldaten schließen sich wegen der ungewohnten Schlachtgrundlage irgendwelchen fremden Einheiten (alicui signo) an. Insofern ist die Ausgangslage ungünstig gewesen. Caesar hat offensichtlich das Kämpfen von der Seeseite her unterschätzt. Die Britannier hingegen kennen ihre Topographie *(vero notis omnibus vadis)*, greifen immer wieder die Römer an und unterbinden erfolgreich die römischen Operationen, bis Caesar mehrere Beiboote mit Soldaten ausrüstete und immer wieder seinen Soldaten Hilfe schickte. Damit endete der strategische Vorteil der Britannier. Denn endlich gelang es den Römern, auf dem Strand eine Schlachtreihe aufzustellen, so dass die Römer in der ihnen vertrauten Kampfesweise die Britannier zurücktreiben konnten. Allerdings gelang es den Römern nicht, der Reiterei ihrer Feinde zu folgen, so dass kein vollständiger Sieg errungen wurde. Immerhin schickten die Britannier Gesandte, um Friedensverhandlungen aufzunehmen.

4. Caesar hat es gewagt, dem Ärmelkanal zu überqueren und eine Invasion auf der für die Römer fremden Insel Britannia durchzuführen. Das Wagnis zeigt sich auch in der offensichtlich schlechten Vorbereitung der Invasion: Die Soldaten können kaum die Schiffe verlassen, sich militärisch geordnet aufstellen oder ihre vertrauten Einheiten bilden. Aber Caesar hält trotz des Widerstandes an seinem Plan fest und schickt immer wieder Nachschub, bis hinreichend viele Römer auf dem Strand angekommen sind und die Britannier vertreiben. Dass die Britannier Gesandte schicken, um über Frieden zu verhandeln, muss als Gewinn erscheinen; denn sie sind nicht besiegt. Ihnen gelang die Flucht. Und dies fehlte nicht nur an Caesars Glück, sondern zeigt an, dass die Friedensbedingungen vermutlich nur so lange von den Britanniern eingehalten werden, bis die Römer die Insel wieder verlassen haben. Insofern hat Caesar einen nur kurzfristigen Sieg gegen einen nach wie vor bewaffneten Feind errungen. Der Gewinn müsste militärisch gegen den Einsatz von Ressourcen gegengerechnet werden. Propagandistisch ist der Gewinn vermutlich größer, da Caesar nach Rom verkünden kann, dass die Britannier Roms Hoheit anzuerkennen bereit sind – und er, Caesar, kann sich rühmen, die Einrichtung einer neuen Provinz vorbereitet zu haben.

Übungen

1. im Frieden – im Gefecht | zum Strand eilen – den Feind angreifen | die Reihen/Ordnung bewahren – in einer Reihe aufstellen | angreifen – im heftigen Angriff siegen

2. a) multi – pauci: viele – wenige | b) fuga – impetus: Flucht – Angriff | c) mare – terra: Meer – Land | d) currere – consistere: eilen – stehen bleiben | e) que – aut: und – oder

3. a) Insel: insula, Insel – b) Zirkus: circum, um … herum – c) komplett: complere, anfüllen – d) Signal: signum, Zeichen – e) singulär: singuli, einzeln – f) Gravitation: gravis, schwer – g) Aperitif: aperire, öffnen – h) Tradition: tradere, überliefern – i) Mission: mittere, schicken – j) populär: populus: Volk

4. a) *circum: circumdare:* umgeben, *circumspicere:* sich umblicken, *circumsistere:* umstellen, *circumagere:* herumführen
   b) *re: revenire:* zurückkommen, *remittere:* zurückschicken, *repellere:* zurücktreiben, *removere:* entfernen, *respicere:* zurückblicken, *referre:* zurücktragen, *retinere:* zurückhalten, *replere:* wieder auffüllen, *reddere:* zurückgeben, *redigere:* zurücktreiben

5. a) *eques*, Reiter – *equus*, Pferd | b) *fuga*, Flucht – *fugere*, flüchten | c) *cursus*, Lauf – *currere*, laufen | d) *impetus*, Angriff – *in + petere*, angreifen

6. a) *vincere → victoria, ae* f.; siegen → Sieg | b) *complere → plenus, a, um*; anfüllen → voll | c) *conspicere → conspectus, us* m.; anblicken → Anblick | d) *incipere → inceptum, i* n.; anfangen → Anfang | e) *hostis → hostilis, e*; Feind → feindlich | f) *gravis → gravitas, atis* f.; schwer → Schwere

7.

servat	servabat; er, sie, es bewahrte
incitat	incita-ba-t; er, sie, es stachelte an
comples	complebas; du fülltest an
tacetis	tace-ba-tis; ihr schwiegt
iactant	iactabant: sie schleuderten
aperimus	aperi-eba-mus; wir öffneten

8.

servavit	servav-erat: er, sie, es hatte gerettet
iactavit	iactav-erat: er, sie, es hatte geschleudert
tenuit	tenu-erat: er, sie, es hatte gehalten
habuerunt	habu-erant: sie hatten gehabt
vicerunt	vicerant: sie hatten gewonnen
misi	miseram: ich hatte geschickt

9. *viderat*: Plusquamperfekt: er/sie/es hatte gesehen – *mittebamus*: Imperfekt: wir schickten – *cepisti*: Perfekt: du hast gefangen – *circumdo*: Präsens: ich umgebe

10. a) iacta**bant** – capie**bamus** – vide**batis**: Imperfekt: sie schleuderten – wir fassten – ihr saht
    b) conspex**erant** – potu**eram** – aperu**eras**: Plusquamperfekt: sie hatten erblickt – ich hatte gekonnt – du hattest geöffnet
    c) incita**vi** (Perfekt) – dix**erant** (Plusquamperfekt) – tradunt (Präsens) – servav**eramus** (Plusquamperfekt): ich habe angestachelt – sie hatten gesagt – sie übergeben – wir hatten bewahrt
    d) mis**isti** (Perfekt) – tenet (Präsens) – iusse**ratis** (Plusquamperfekt) – cognosce**bat** (Imperfekt): du hast geschickt – er, sie, es hält – ihr hattet befohlen – er, sie, es erkannte
    e) cogno**vi** (Perfekt) – fec**erant** (Plusquamperfekt) – pelle**bant** (Imperfekt) – damus (Präsens): er, sie, es hat erkannt – sie hatten gemacht – sie schlugen – wir geben

11. a) *movimus*: wir bewegten/haben bewegt – b) *spectabam*: ich betrachtete/habe betrachtet – c) *poteratis*: ihr konntet/habt gekonnt – d) *tulerunt*: sie brachten/haben gebracht – e) *habuerunt*: sie hatten/haben gehabt – f) *fuisti*: du warst/bist gewesen

12. a) *tenui*: tenere, ich habe gehalten – b) *missum*: mittere, geschickt – c) *motum*: movere: bewegt – d) *tradidi*: tradere, ich habe übergeben – e) *audivi*: audire, ich habe gehört – f) *conspexi*: conspicere, ich habe erblickt – g) *captum*: capere, gefangen – h) *victum*: vincere, besiegt

13. *Milites de navibus desiluerant*: Die Soldaten waren von den Schiffen herabgesprungen.
    Magno impetu litus petiverant: Mit großem Schwung hatten sie die Küste zu erreichen gesucht.
    Sed statim hostes milites circumdederunt: Aber sofort umzingelten Feinde die Soldaten.
    Tela multa in latere aperto Romanorum iactabant: Sie schleuderten viele Wurfgeschosse auf die ungeschützte Flanke der Römer.
    Pugna longa et acris erat, tum Romani vicerunt: Das Gefecht war lang und heftig, dann siegten die Römer.

14. *Caesar nona hora naves complevit*: Caesar füllte zur neunten Stunde Schiffe.
    Barbari a latere aperto tela iactabant: Die Barbaren schleuderten an der ungeschützten Flanke Wurfgeschosse.
    Caesar in periculo impetum fecit: Caesar griff in der Gefahr an.
    Milites nona hora tela iactabant: Die Soldaten schleuderten in der neunten Stunde Wurfgeschosse.
    Romani cum Romanis pugnabant: Römer kämpften mit Römern.

15. a) quaesivi: ich habe gesucht – b) posuerat: er, sie, es hatte gestellt – c) credideram: ich hatte geglaubt – d) imperabat: er, sie, es befahl

16. Agricola fiel in das Gebiet Britanniens ein. Viele Jahre lang hat er die Insel gut verwaltet. Daher dankten die Britannier Agricola.

17. Die Formen sind offensichtlich Verbformen → in den Verbtabellen nach passenden Endungen suchen: a) complebit: 3. Pers. Sg. Fut. I Akt.: er wird anfüllen – b) exspectabatur: 3. Pers. Sg. Ind. Imperf. Pass.: er, sie, es wurde erwartet – c) videbitur: 3. Pers. Sg. Fut. I Pass.: er, sie, es wird gesehen werden – d) missus est: 3. Pers. Sg. Ind. Perf. Pass. m.: er ist geschickt worden

18. Hier geht es um verschiedene Kasusfunktionen → im Kapitel »Genitiv« bei den verschiedenen Funktionen nachlesen.
    a) Die Römer besiegten die Britannier durch ihre <u>Menge an Soldaten</u>.
    b) Agricola war ein Mann <u>von großer Tapferkeit</u>/ein sehr tapferer Mann.

Lektion 7

Lektionstext

Sobald Verres zu der Stadt kam, befahl er sofort dem Ortsvorstand Sopater, das Standbild des Merkur nach Messina zu bringen. Sopater antwortete, sein Glaube verhindere dies, der Senat lasse es nicht zu, und es sei eine Strafe beschlossen worden.
Da sagte Verres: »Was erzählst du mir von Religion, was von Strafe, was vom Senat? Ich lasse dich nicht lebendig zurück, wenn du mir nicht das Standbild übergibst.« Dennoch sagte Sopater, dass Verres das Standbild nicht wegnehmen könne. Es war tiefster Winter, sehr kaltes Wetter, viel Regen, als das Volk plötzlich sah, dass die Liktoren Sopater von dem Säulengang, wo Verres saß, kopfüber auf den Marktplatz stießen, ihn nackt hinstellten und an das Standbild des C. Marcellus fesselten.

Was für Qualen er erlitt, muss allen in den Sinn kommen: Denn er war nackt an Erz gebunden worden, im Regen, in der Kälte. Und dennoch gab es kein Ende des Unrechts und der Grausamkeit, bis das Volk, bewegt von der Grausamkeit der Strafe und von Mitleid, den Senat durch sein Geschrei zwang, Merkurs Standbild Verres zu versprechen.

Sie riefen, sie fürchteten die Rache der unsterblichen Götter und dass ein unschuldiger Mensch nicht sterben dürfe. Dann kam der Senat zu Verres und versprach ihm das Standbild. So trugen sie den kaum noch lebendigen Sopater von dem Standbild weg.

Einführungssätze

Die Menschen sehen Cicero kommen → dass Cicero kommt.
Die Menschen sagen, dass Cicero kommt.

Aufgaben zum Lektionstext

1. Sachfeld: *auferre, praecipitem iactare, nudum constituere, vincire, cruciatus, nudum vincire, iniuria, crudelitas, atrocitas*

2. AcI-Auslöser: *iussit, respondit, negat, vidit, clamabant, non oportere*
   Z. 1 f.: *iussit [Sopatrum … auferre]*;
   Z. 3 f.: *respondit [religionem … prohibere], [senatum non permittere] [poenam constitutam esse]*
   Z. 7: *negat [Verrem … posse]*
   Z. 9 ff.: *vidit [lictores … iactare … constituere … vincire]*
   Z. 18: *clamabant [se … metuere]*
   Z. 19: *non oportere [hominem innocentem occidere]*

3. Cicero argumentiert mit juristischen und – vor allem – religiösen Gründen. Das stärkste juristische Argument ist, dass ein unschuldiger Mensch nicht sterben dürfe *(hominem occidere innocentem non oportere)*; gewichtiger sind religiöse Bedenken. Sie werden unmittelbar zu Beginn des Auszugs thematisiert: Sopater weist zuerst darauf hin, die *religio* verbiete es, das Standbild auszuliefern, Verres aber lässt dies nicht gelten *(quam mihi religionem narras)*. Am Ende verlangen die Bürger die Auslieferung des Standbildes aus Furcht vor der Rache der Götter *(vindicta deorum immortalium)*, falls Sopater stürbe.

4. Die Plötzlichkeit des Begehrens wird durch die Alliteration unterstrichen: *statim Sopatrum … iussit*. Die zunehmende Ungeheuerlichkeit seines Begehrens tritt in dem asyndetischen Trikolon – zugleich Klimax – *quam religionem, quam poenam, quem senatum* zutage. Ferner stellen die Pronomina *quam* und *quem* ein Polyptoton dar, das jeweils die noch nie dagewesene Größe des Frevels unterstreicht.
   Adjektive verwendet Cicero mehrfach entweder in ihrer Form als Superlativ oder gesteigert durch Komposita: *hiems summa, tempestas perfrigida, imber maximus*: stets handelt es sich um extreme Situationen, erneut als Klimax und asyndetisches Trikolon formuliert.
   Die Dreigliedrigkeit setzt sich fort in der Misshandlung des Sopater: *praecipitem … iactare, nudumque constituere atque … vincire* sowie *erat vinctus nudus in aere, in imbri, in frigore*, wobei stets die schlimmste Untat den Höhepunkt bildet: Er war völlig hilflos und in tödlicher Kälte öffentlich bloßgestellt.

Übungen

1. a) venire (kommen): relinquere (verlassen) – b) silentium (Stille): clamor (Geschrei) – c) permittere (erlauben): prohibere (verbieten) – d) mortuus (tot): vivus (lebendig) – e) tacere (schweigen): narrare (erzählen)

2. a) virum vivum relinquere; einen lebendigen Mann zurücklassen – Romam relinquere: Rom verlassen
   b) in oppidum venire: in die Stadt kommen – Romam venire: nach Rom kommen
   c) poenam constituere: eine Strafe festsetzen – signa constituere: die Feldzeichen aufstellen
   d) senatum cogere: den Senat zwingen – copias cogere: Truppen versammeln
   e) amici omnes ab-sunt: alle Freunde sind weg – militi arma absunt: dem Soldaten fehlen Waffen

3. a) immortalis: unsterblich – deus: Gott – cura: Fürsorge – statua: Standbild → Religion
   b) iniuria: Unrecht – crudelitas: Grausamkeit – poena: Strafe – vincire: fesseln → Amtsmissbrauch
   c) narrare: erzählen – promittere: versprechen – negare: leugnen – respondere: antworten → Gerichtsverhandlung / Verben des Sprechens
   d) vivus: lebendig – nudus: nackt – mens: Verstand – corpus: Körper → Gesundheit, Arzt

4. a) fuga, ae → fugere → fliehen → Flucht | b) cursus, us → currere → laufen → Lauf | c) victor, oris → vincere → siegen → Sieger | d) responsum, i → respondere → antworten → Antwort | e) apertus, a, um → aperire → öffnen → offen | f) plenus, a, um → complere → anfüllen → voll | g) dubium, i → dubitare → zweifeln → Zweifel | h) timor, oris → timere → fürchten → Furcht

5.

Präsens	Imperfekt	Perfekt	Plusquamperfekt
vincio: ich fessele sedetis: ihr sitzt	auferebant: sie trugen weg		veneramus: wir waren gekommen
promittimus: wir versprechen es: du bist		permiserunt: sie haben erlaubt	iusseras: du hattest befohlen
commoves: du bewegst	erat: er/sie/es war relinquebas: du verließest	negavisti: du hast geleugnet	
	poteratis: ihr konntet	tradidimus: wir haben übergeben coegit: er/sie/es hat gezwungen	

6.

Präsens	Imperfekt	Perfekt	Plusquamperfekt
venit: er/sie/es kommt	veniebat: er/sie/es kam	venit: er/sie/es ist gekommen	venerat: er/sie/es war gekommen
promittunt: sie versprechen	promittebant: sie versprachen	promiserunt: sie haben versprochen	promiserant: sie hatten versprochen
vincio: ich fessele	vinciebam: ich fesselte	vinxi: ich habe gefesselt	vinxeram: ich hatte gefesselt
videmus: wir sehen	videbamus: wir sahen	vidimus: wir haben gesehen	videramus: wir hatten gesehen
metuis: du fürchtest	metuebas: du fürchtetest	metuisti: du hast gefürchtet	metueras: du hattest gefürchtet
est: er/sie/es ist	erat: er/sie/es war	fuit: er/sie/es ist gewesen	fuerat: er/sie/es war gewesen

7. a) deos (duo) – b) cenam, aliam – c) nomina, pericula – d) me, mentem, meas – e) iuvenes, milites – f) nos, suas, solum

8. homines nudos – deos immortales – clamorem magnum – impetus acres – iniuriam gravem – oppida ingentia

9. a) Das Volk sieht, dass Cicero zum Forum kommt.
   b) Das Volk sieht, dass viele Bewohner Siziliens zum Forum kommen.
   c) Das Volk sieht, dass Verres auf dem Forum sitzt.
   d) Das Volk hört, dass Cicero Verres anklagt.
   e) Das Volk hört, dass Cicero Verres' Grausamkeiten darstellt.
   f) Das Volk hört, dass Verres böse ist.
   g) Das Volk hört, dass Cicero eine Bestrafung verspricht.

10. Auslöser = A, Akkusativ = Akk. – Infinitiv = Inf.
   a) *Verres senatum (Akk.) signum auferre (Inf.) iussit (A).* – Verres befahl dem Senat, das Standbild wegzutragen.
   b) *Senatus autem deum (Akk.) id negare (Inf.) respondit (A).* – Der Senat antwortete aber, dass sein Gott dies verweigere.
   c) *Tum homines Verrem (Akk.) poenam iubere (Inf.) audiunt (A).* – Dann hören die Menschen, dass Verres eine Strafe befiehlt.
   d) *Tum vident (A) lictores (Akk.) Sopatrum in statua vincire (Inf.).* – Dann sehen sie, dass Liktoren Sopater an das Standbild binden.
   e) *Populus iniuriam (Akk.) magnam esse (Inf.) dicit (A).* – Das Volk sagt, dass das Unrecht groß sei.
   f) *Nam dicunt (A) crudelitatem (Akk.) etiam deos movere (Inf.).* Denn sie sagen, dass seine Grausamkeit sogar die Götter bewege.

11. *narrare*: erzählen – *videre*: sehen – *dicere*: sagen – *audire*: hören – *tradere*: überliefern – *negare*: leugnen – *spectare*: betrachten – *respondere*: antworten

12. a) *Cicero videt populum ad forum venire.* Cicero sieht, dass das Volk zum Forum kommt.
   b) *Cicero videt homines Verrem spectare.* Cicero sieht, dass die Menschen Verres betrachten.
   c) *Cicero audit homines clamare.* Cicero hört, dass die Menschen schreien.
   d) *Cicero dicit pericula ingentia esse.* Cicero sagt, dass die Gefahren riesig seien.
   e) *Cicero dicit finem iniuriarum adesse.* Cicero sagt, dass das Ende des Unrechts da sei.

13. a) Verres beging auch viele Verbrechen gegenüber den Göttern. – b) Er raubte sogar aus den Tempeln hochberühmte Werke. – c) Denn er sagte, dass die Römer alles besäßen / alles den Römern gehöre. – d) Dennoch wünschte Cicero, den Mann anzuklagen.

14. Offensichtlich ist das ein AcI →im AcI-Kapitel nachschauen: a) se = reflexiv: Cicero sagte, er (= Cicero) sei ein guter Anwalt. – b) Infinitiv Perfekt: Cicero sagt, dass Verres viel Unrecht begangen hat/habe.

15. In Tabelle mit den Verbformen suchen: *prohibeat*: 3. Pers. Sg. Konj. Präs. Akt. – *constitueres*: 3. Pers. Sg. Konj. Imperf. Akt. – *narret*: 3. Pers. Sg. Konj. Präs. Akt. – *iuberem*: 1. Pers. Sg. Konj. Imperf. Akt. – *affecerint*: 3. Pers. Pl. Konj. Perf. Akt. oder Fut II. – *iactaverimus*: 1. Pers. Pl. Konj. Perf. Akt. oder Fut. II – *abstulissetis*: 2. Pers. Pl. Konj. Plusqmpf. Akt. – *respondissent*: 3. Pers. Pl. Konj. Plqmpf. Akt.

Lektion 8

Lektionstext

Gavius war heimlich aus den Steinbrüchen entkommen und nach Messina gekommen. Als er Italien schon aus der Nähe sah und gleichsam durch das Licht der Freiheit wiederauflebte, fing er in Messina an zu erzählen, dass er auf dem Weg nach Rom sei. Er sagte, er habe den Beschluss gefasst, den Römern die Untaten des Verres zu eröffnen. Er bestieg bereits ein Schiff, als man ihn zurückzog und zum Beamten führte, und an diesem Tag kam durch Zufall Verres nach Messina. Ihm berichten sie, dass ein römischer Bürger sage, er sei in den Steinbrüchen gewesen; Gavius habe bereits ein Schiff bestiegen, aber sie hätten ihn zurückgezogen. Verres dankte den Männern und lobte ihre Sorgfalt. Dann kam er erzürnt auf das *forum*. Seine Augen brannten vor Grausamkeit, als er den Liktoren befahl, Gavius mitten auf dem *forum* nackt auszuziehen, zu fesseln und Ruten zu bringen. Der Unglückliche schrie immer wieder, er sei ein römischer Bürger, er habe mit L. Raecius Kriegsdienste geleistet, einem sehr berühmten römischen Reiter. Doch vergeblich.

Sie schlugen mit ihren Ruten mitten auf dem *forum* von Messina einen römischen Bürger, ihr Richter, und kein Seufzen, keinen anderen Laut des Unglücklichen hören sie außer dies: »Ich bin ein römischer Bürger.« Doch dies hat Verres nicht gerührt: er ließ ein Kreuz, ein Kreuz bereiten – und so ließ er es bereiten, dass Gaius, weil er ja sagte, er sei ein römischer Bürger, vom Kreuz aus Italien sehen konnte.

Einführungssätze

Cicero sagt, dass er (in seinem Bericht) zu Gavius kommt/komme.
Cicero sagt, dass Gavius aus den Steinbrüchen entkommen und nach Messina gekommen ist/sei.
Viele Menschen haben ihn in Messina gesehen.
Gavius sagte: »Ich gehe nach Rom.« Und er bestieg ein Schiff.

Aufgaben zum Lektionstext

1. Überschrift: Ich bin ein römischer Bürger → Hier wird ein Einzelschicksal thematisiert; Vokabelangaben: *nudare, virga, crux*: Vielleicht wird jemand nackt ausgezogen, ausgepeitscht, gekreuzigt (obwohl man das laut Sachtext mit römischen Bürgern nicht machen durfte).

2. a) Z. 1: Flucht aus dem Steinbruch – Plusquamperfekt
   b) Z. 2–5: Ankündigung des Gavius, die Untaten des Verres in Rom publik zu machen – Perfekt
   c) Z. 6–9: Gavius wird während seiner Abreise aus Messina ergriffen und Verres vorgeführt – Präsens
   d) Z. 10–14: Verurteilung des Gavius – v. a. im Präsens die Raserei des Verres, im Imperfekt Reaktion des Gavius
   e) Z. 15–21: Schlagen des Gavius und Vorbereitung der Kreuzigung – im Präsens das Verhalten des Gavius, Ablauf der Handlung in Vergangenheitstempora

3. Die Kreuzigung des Gavius – und damit die Missachtung des römischen Bürgerrechts – ist der Höhepunkt von Ciceros Anklage gegen den Statthalter Verres.
   Um die Schilderung möglichst lebendig und unmittelbar zu gestalten, nutzt Cicero neben den Vergangenheitstempora auch das Präsens (z. B. Z. 16: *audiunt*). Auch die direkte Rede des Gavius »*Civis Romanus sum*« (Z. 17) soll die Szene möglichst lebendig machen, so als wären die Zuhörer als Zeugen dabei. Der Begriff *civis Romanus* wird im gesamten Text häufig wiederholt (Z. 7, 13, 15, 17, 20) sodass immer wieder an die Schwere von Verres' Vergehen, die Missachtung des Bürgerrechts, erinnert wird.
   Besonders der letzte Abschnitt mit der Hinrichtung des Gavius (Z. 15–21) ist sehr emotional gestaltet:
   – Cicero spricht die Richter direkt an (*iudices*, Z. 15).
   – Die Anapher *nullum gemitum, nullam aliam vocem* (Z. 16) unterstreicht die Tapferkeit des Gavius, der trotz der Qualen nicht vor Schmerzen schreit, sondern einzig und allein auf seinem Bürgerrecht beharrt.
   – Die emotionale Wiederholung des Wortes *crucem* (Z. 18) betont die Ungeheuerlichkeit des Vorgangs – und am Ende des Satzes wird das Wort *crux* (Z. 20) nochmals wiederholt.
   – Die Kreuzigung des Gavius geschieht auf besonders perfide Art und Weise, nämlich so, dass er vom Kreuz aus Italien sehen kann (*Italiam videre posset*, Z. 20), den Ort, den Cicero zu Beginn des Textes metaphorisch als *lux libertatis* (Licht der Freiheit, Z. 2) bezeichnet hat – u. a. weil da die Bürgerrechte auch geachtet werden.

4. Die Bürger von Messina scheinen zunächst – vermutlich aufgrund guter Erfahrungen mit bisherigen Statthaltern – Verres vertrauen zu wollen und halten Gavius fest. Dass er zur Arbeit in Steinbrüchen verurteilt worden war, schien darauf hinzuweisen, dass er eines Verbrechens schuldig war. Daher konnte es keinen Grund geben, sich über einen römischen Statthalter zu beschweren. Verres unterstützt durch dankbares Lob das Handeln der Einwohner von Messina.

Allerdings schreitet niemand ein, als Verres sich offensichtlich über Recht und Gesetz hinwegsetzt: Als Gavius ruft, er sei ein römischer Bürger, hätte Verres mindestens prüfen müssen, ob das stimmt – und hätte Gavius dann gestatten müssen, in Rom Berufung einzulegen. Die Bürger von Messina scheinen jedoch nicht genügend Zivilcourage zu haben, um gegen Gavius' Bestrafung zu protestieren. Möglicherweise schüchtert Verres' enorme Brutalität sie ein und sie haben Angst, dass er dann genauso gegen sie oder gar noch heftiger vorginge, da er ja schon bei römischen Bürgern nicht vor der Kreuzigung zurückschreckt.

Übungen

1. a) ein römischer Bürger – b) Beschlüsse fassen – c) danken – d) auf dem Weg – e) in die Freiheit entkommen – f) die Sorgfalt der Beamten loben

2. a) ducere – dicere: führen – sagen | b) iter – ita – itaque: Weg – so – daher | c) vincire – vincere: fesseln – siegen | d) caedere – cadere: fällen – fallen | e) trahere – tradere: ziehen – überliefern

3. a) vivus, a, um: lebendig / vita: Leben – b) facere: machen / facilis, e: leicht / facinus: Tat – c) caedes: Mord / caedere: töten – d) clamare: rufen / clamor: Geschrei – e) mors: Tod / mortuus, a, um: tot – f) fugere: fliehen / fuga: Flucht

4. a) iratus, a, um → ira, erzürnt → Zorn | b) ducere → dux, führen → Anführer | c) civis → civitas – civilis, is, e, Bürger → Bürgerschaft → bürgerlich | d) libertas → liber, a, um – liberare, Freiheit → frei → befreien | e) laudare → laus, loben → Lob | f) diligentia → diligens, ntis, Sorgfalt → sorgfältig | g) lux → lucere, Licht → leuchten | h) miser → miseria, unglücklich → Elend

5. Akkusative fett hervorgehoben
   a) **nullum**: nullus, a, um: keiner – caedebam: caedere: töten – libertas: libertas: Freiheit – **civem**: civis: Bürger – **fines**: finis: Grenze – respondes: respondere: antworten – iter: iter: Weg – hominum: homo, Mensch
   b) gratia: gratia: Beliebtheit – **vulnera**: vulnus: Verwundung – clam: clam: heimlich – ducimus: ducere: führen – **facinus**: facinus: Tat – eunt: ire: gehen – **senatum**: senatus: Senat – **impetus**: impetus: Angriff – eorum: is: er
   c) **miseros**: miser: elend – negas: negare: leugnen – iudicum: iudex: Richter – **medium**: medius, a, um: mittlerer – **pacem**: pax: Frieden – **clamores**: clamor: Geschrei – **deos**: deus: Gott – dicis: dicere: sagen – ii: is: er / ire: gehen

6. a) cecidisse: cadere: fallen; Inf. Perf. Akt., gefallen sein – fuisse: esse: sein; Inf. Perf., gewesen sein – respondisse: respondere: antworten; Inf. Perf., geantwortet haben
   b) rettulerunt: referre: berichten, 3. Pers. Pl. Ind. Perf. Akt., sie haben berichtet – laudavimus: laudare: loben, 1. Pers. Pl. Ind. Perf. Akt., wir haben gelobt – vicit: vincere: siegen, 3. Pers. Sg. Ind. Perf. Akt., er, sie, es hat gesiegt – coepi: incipere: anfangen, 1. Pers. Sg. Ind. Perf. Akt., ich habe angefangen
   c) vixerant: vivere: leben; 3. Pers. Pl. Ind. Plqmpf. Akt., sie hatten gelebt – feceras: facere: machen, 2. Pers. Sg. Ind. Plqmpf. Akt., du hattest gemacht – aperuerant: aperire: öffnen, 3. Pers. Pl. Ind. Plqumpf. Akt., sie hatten geöffnet – dederat: dare: geben, 3. Pers. Sg. Ind. Plqmpf. Akt., er, sie, es hatte gegeben
   d) missum: mittere: schicken, PPP, geschickt – visum: videre: sehen, PPP, gesehen – latum: ferre: bringen, PPP, gebracht – relictum: relinquere: verlassen, PPP, verlassen
   e) adfuisti: adesse: da sein, 2. Pers. Sg. Ind. Perf. Akt., du bist da gewesen – audivisse: audire: hören, Inf. Perf. Akt., gehört haben – traxisse: trahere: ziehen, Inf. Perf. Akt., gezogen haben – duxit: ducere: führen, 3. Pers. Sg. Ind. Perf. Akt., er hat geführt
   f) tuleratis: ferre: bringen, 2. Pers. Pl. Ind. Plqmpf. Akt., ihr hattet gebracht – arsit: ardere: brennen, 3. Pers. Sg. Ind. Perf. Akt., er, sie, es hat gebrannt – negavi: negare: leugnen, 1. Pers. Sg. Ind. Perf. Akt., ich habe geleugnet – egit: agere: treiben, 3. Pers. Sg. Ind. Perf. Akt., er, sie, es hat getrieben

7. a) ex eo consilio: aufgrund dieses Beschlusses – b) is homo miser: dieser unglückliche Mensch – c) mors eorum civium: der Tod dieser Bürger – d) in eam navem: in dieses Schiff – e) diligentia eius viri: die Sorgfalt dieses Mannes – f) cum iis amicis: mit diesen Freunden – g) in iis insulis: auf diesen Inseln

8. *Verres vir malus erat.* Verres war ein böser Mann.
   Is multos cives vexabat. Dieser quälte viele Bürger.
   Crudelitatem eius omnes cognoverant. Seine Grausamkeit hatten alle erkannt.
   Sed id Verrem non movit. Doch dies bewegte Verres nicht.
   Ea crudelitate etiam cives occidit. Aufgrund dieser Grausamkeit tötete er sogar Bürger.
   Mors eius crudelis erat. Dessen Tod war grausam.
   Id facinus cives movit. Diese Untat bewegte die Bürger.
   Itaque Cicero eum accusavit. Daher klagte Cicero ihn an.
   Verres autem eius iudices effugit. Aber Verres entkam dessen Richtern.

9. Gavius sagte,
   - er sei ein römischer Bürger.
   - er helfe immer den Bürgern.
   - er arbeite mit großem Eifer.
   - er gehe nach Rom.
   - er fürchte Verres.
   - der sei nämlich ein böser Mensch.

10. *Cives Messanae dicunt se (= **cives**) Verrem metuere.* Messinas Bürger sagen, sie fürchteten Verres.
    *Dicunt eum (= **Verrem**) saepe iratum esse.* Sie sagen, dass er oft erzürnt sei.
    *Incolae tradunt crudelitatem eius (= **Verris**) magnam esse.* Die Einwohner überliefern, dass seine Grausamkeit groß sei.
    *Sed Verres se (= **Verrem**) numquam facinora committere dicit.* Aber Verres sagt, er begehe niemals Verbrechen.
    *Cives se (= **cives**) Gavio auxilium ferre promittunt.* Die Bürger versprechen, Gavius zu helfen.

11. Es steht fest, dass Sizilien …

früher	heute
schön gewesen ist.	schön ist.
eine Provinz gewesen ist.	ein Teil Italiens ist.
den Römern gefallen hat.	vielen Menschen gefällt.
Getreide hervorgebracht hat.	gutes Obst hervorbringt.

12. Cicero erzählt, dass
    - Gavius in den Steinbrüchen gewesen ist/sei.
    - Gavius unter großen Gefahren entkommen ist/sei.
    - Gavius nach Messina gekommen ist/sei.
    - Gavius der Grausamkeit des Verres nicht entkommen ist/sei.

13. decessisse: decedere: weggehen – doluisse: dolere: bedauern – fefellisse: fallere: täuschen – amavisse: amare: lieben – miscuisse: miscere: mischen – perisse: perire: untergehen – posuisse: ponere: setzen – valuisse: valere: Bedeutung haben

14. liberty < libertas – judge < iudex – cruel < crudelis – to invite < invitare – to respond < respondere – hostile < hostis – advocate < advocare

15. Die Formen sehen ähnlich aus wie die Formen *is, ea, id* → bei Pronomina in den Tabellen suchen: a) hos → hic, dieser | b) quorum → qui, dieser | c) illi → ille, jener | d) eosdem → idem, derselbe

16. Die Formen haben Verbendungen, sind also wahrscheinlich Verben → Tabelle unregelmäßige Verben: vult → velle, wollen | b) fis → fieri, werden | c) ibamus → ire, gehen | d) sit → esse, sein

Lektion 9

Lektionstext
»Sohn«, sagte er, »vertreib die Verzögerung und suche in schnellem Lauf das Land auf, welches die Ureinwohner Sidonien nennen. Dort treibe die Rinder des Königs, die du grasen siehst, zur Küste!«
Sofort machte Merkur das, was sein Vater befohlen hatte: Schon kommen die Rinder vom Berg und suchen die Küste auf, wo die Tochter des Königs mit jungen Frauen spielte. Hoheit und Liebe passen nicht gut zusammen: Der Vater und König der Götter, der durch sein Nicken den Erdkreis erschüttert und dessen rechte Hand Feuer hält, legt sein Szepter ab. Dann nimmt er das Aussehen eines Stiers an, mischt sich unter die Rinder, muht und freut sich an den Blättern. Der Europa gefällt das, was sie sieht: »Seht dieses Rind, das dort steht und das uns ansieht! Wie schön ist es! Seine Farbe ist schneeweiß, seine Haltung tapfer, seine Hörner elegant. Er kommt zu mir!« Und das Mädchen pflückt Blätter, die sie dem Rind gibt.
Der Liebende freut sich und gibt ihren Händen Küsse; bald spielt er und springt im Gras, bald legt er seine schneeweiße Seite auf den Boden. Europa wagt es bereits, sich auf den Rücken des Stiers zu setzen.
Dieser setzt seine Füße von der Erde in die Wellen und läuft mit dem jungen Mädchen vom Strand weg.

Einführungssätze
Jupiter sieht Europa, die oft zum Strand kommt.
Diese/Sie ist hübsch.

Aufgaben zum Lektionstext

1. Z. 1–3: direkte Rede mit Imperativformen: Jupiter befiehlt Merkur irgendetwas.

   Z. 4–5: **Merkur** führte den Befehl aus *(fecit)*: Die **Stiere** *(boves)* kommen *(veniunt)* und gehen zur Küste *(litora petunt)*. Dort spielte *(ludebat)* die **Königstochter** *(filia regis)*.

   Z. 6–10: **Der Vater und den König der Götter** *(pater rexque deorum)*, also Jupiter, legt das Szepter weg *(sceptrum deponit)*, und verwandelt sich in einen Stier *(induitur faciem tauri)*, mischt sich unter die anderen Stiere *(miscuit)*, muht *(mugit)* und erfreut sich am Gras *(gaudet)*.

   Z. 11–14: **Europa** bewundert den Stier *(placent, direkte Rede)*, das **Mädchen** *(puella)* pflückt Gräser *(herbas carpit)* und gibt sie dem Stier *(dat)*.

   Z. 15–16: Der **Liebende** *(amans)* freut sich *(gaudet)*, gibt Küsse *(oscula dat)*, spielt *(ludit)*, springt *(salit)*, legt sich auf den Boden *(latus ponit in terra)*.

   Z. 16–19: **Europa** setzt sich *(considere)*, der **Stier** geht mit dem Mädchen weg *(cum virgine abit)*.

2.

Gott	Stier
pater rexque deorum	se inter boves miscet
nutu concutit orbem terrarum	mugit, herbis gaudet
dextra ignes tenet	pulcher
	color niveus, habitus fortis, cornua elegantia
	oscula dat
	ludit et salit

3. Jupiter ist verliebt in die Königstochter Europa. Um an sie heranzukommen, verwandelt er sich in einen wunderschönen Stier. Der Plan gelingt: Europa ist von dem stolzen und dennoch zutraulichen Tier begeistert: Es dauert nicht lange, und sie traut sich näher heran, um ihn zu füttern; schließlich reitet sie sogar auf seinem Rücken – und Jupiter ergreift die Gelegenheit und entführt das Mädchen.

4. *Non conveniunt maiestas et amor* – so lässt sich Ovids Darstellung des Gottes Jupiter am treffendsten zusammenfassen: Jupiter ist zwar der erhabene Vater und König der Götter *(pater rexque deorum)*, der große Macht hat, aber er macht sich um der Liebe Willen lächerlich: Er verwandelt sich in einen Stier – in einen wunderschönen zwar, dem man seine Göttlichkeit äußerlich schon ansieht *(color niveus, cornua elegantia etc.)* –, dessen Verhalten jedoch alles andere als würdig ist: Er muht, frisst Gras und mischt sich unter die anderen Stiere, und tollt ausgelassen herum *(mugit, ludit, salit)*. Ovid stellt Jupiters Machtfülle einerseits und sein lächerliches, verspieltes Verhalten als Stier andererseits auf engem Raum antithetisch gegenüber.

Übungen

1. a) terra: Erde – mons: Berg – **manus**: Hand – unda: Welle

   b) abire: weggehen – convenire: zusammenkommen – stare: stehen – **gaudere**: sich freuen

   c) amor: Liebe – puella: Mädchen – **ponere**: stellen – pulcher: schön

2. a) Mensch und Körper: z. B.: homo, corpus, facies, pulcher, manus, tergum, pes, dextra, nudus, mors, oculus, vox, senex, iuvenis

   b) Natur: z. B.: terra, mons, litus, bos, herba, unda, insula, equus, mare, fluctus

   c) Bewegung: z. B.: venire, agere, salire, currere, fugere, cadere, movere, mittere, iactare, relinquere, trahere, ab-ire

3. a) amicos convenire: Freunde treffen – in foro convenire: auf dem Marktplatz zusammenkommen – de pace convenire: sich über den Frieden verständigen

   b) manus dextra/sinistra: rechte/linke Hand – manum dare: die Hand geben – parva manus militum: eine kleine Schar Soldaten

4. a) Pedal: pes, Fuß → mit dem Fuß wird das Pedal bedient | b) terrestrisch: terra, Erde → auf dem Planeten Erde befindlich | c) Kolorierung: color, Farbe → Farbgebung | d) Gaudi: gaudium, Freude → Veranstaltung, die Spaß macht | e) Fortifikation: fortem facere: tüchtig machen → eine Befestigung wehrhaft gegen Angriffe machen | f) Herbivoren: herba, Kraut → Pflanzenfresser

5. Jupiter rief Merkur, **der** sein Sohn war. Merkur, **dessen** Neugier groß war, kam sofort. Jupiter vertraute Merkur, **dem** er Aufträge gab. Europa bewunderte den Stier, **den** sie sah. Europa winkte den Mädchen, **die** sie verließ. Sie freute sich über die Wellen, **durch die** sie fortgetragen wurde.

6. puellae, … … quarum amor: die Mädchen, deren Liebe …
   pedes … quibus imus …: die Füße, mit denen wir gehen
   studium … quo laboras …: der Eifer, mit dem du arbeitest
   in montibus … quos ascendimus …: auf den Bergen, die wir besteigen …
   bos … … cuius color: das Rind, dessen Farbe …

7. a) Wir sehen junge Mädchen, die am Strand spielen. – b) Wir sehen Bälle, die die Mädchen werfen. – c) Wir sehen Europa, mit der junge Mädchen spielen. – d) Wir sehen Europa, die Jupiter liebt. – e) Wir sehen Rinder, mit denen Jupiter am Strand ist. – f) Wir sehen ein schönes Rind, dem Europa Blätter gibt.

8. Jupiter ist der König der Götter. – a) Dieser/Er gibt allen Befehle. – b) Diesen/ihn fürchten alle. – c) Diesem/ihm müssen alle gehorchen. – d) Dessen/seine Liebe zu vielen Mädchen gefällt Juno nicht.

9. Merkur kommt sofort zu Jupiter. – Dieser/er ist Merkurs Vater. – Dessen/seine Liebe zu Europa ist groß. – Dieses Mädchen ist die Tochter eines Königs. – Diese/sie ist oft mit jungen Mädchen am Strand. – Dieser/ihr gefällt das hübsche Rind. Diese trägt Jupiter in die Wellen hinweg.

10. Eine Hand wäscht die andere. – Das Glück hilft den Tüchtigen. – Zu Fuß weggehen.

11. a) Pygmalion fand keine Frau, die er lieben konnte. – b) Einst konnte er seine Einsamkeit nicht mehr ertragen. – c) Mit unglaublicher Kunstfertigkeit gestaltete er das Abbild eines Mädchens, das ihm gefiel. – d) Bald darauf entbrannte er in Liebe zu dem Mädchen, das er gestaltet hatte. – e) Er suchte den Altar der Göttin Venus auf und bat um ihre Hilfe. – f) Sobald er nach Hause zurückkehrte, suchte er das Abbild seines Mädchens auf, dem er Küsse gibt und dessen Brüste er mit seinen Händen testet. – g) Das Elfenbein wird weich: Das Mädchen hatte angefangen zu leben!

12. Die Formen sehen aus wie irgendetwas mit »qui, quae, quod« → in der Tabelle Pronomina nachschlagen: a) quibusdam: quidam: Sg.: ein gewisser; Pl.: einige – b) alicuius: aliqui: irgendeiner – c) quemque: quisque: jeder

13. Puellae, **quas** (Relativpronomen) Iuppiter in litore **esse videt** (AcI), amicae Europae sunt. → Nachschlagen unter AcI oder Relativpronomen → verschränkter AcI
Die Mädchen, von denen Jupiter sieht, dass sie am Strand sind, sind Europas Freundinnen.

Lektion 10

Lektionstext

Aus Hass auf das lange Exil und berührt von der Liebe zu seiner Heimat sagte Daedalus ernst: »Minos verschließt uns Länder und Meer, aber der Himmel ist gewiss offen. Auf diesem Weg zu gehen ist möglich.«
So sprach er und versenkt sich in unbekannte und neue Kunstfertigkeiten: Er erneuert die Natur.
Denn er legt Federn in eine Reihe: Bei der kleinsten fängt er an, eine lange legt er nach einer kürzeren hin, die längste ist die letzte, sodass er wirkliche Vögel imitiert.
Der junge Ikarus stand sehr nahe dabei und spielte, weil er die künftigen Gefahren nicht kennt, ohne Sorgen: Bald griff er schnell nach recht leichten Federn, welche ein Luftzug bewegt hatte, bald macht er Wachs mit seinem Daumen recht weich und behinderte durch sein Spiel das Werk seines Vaters.
Nachdem Daedalus letzte Hand angelegt hatte, sagte er seinem höchst geliebten Sohn:
»Höre mir gut zu! Ich warne dich: Fliege auf dem mittleren Weg, Ikarus! Wenn du zu nahe an die Erde fliegst, wird eine Welle deine Federn zu schwer machen, wenn du zu tief fliegst, wird das Feuer der Sonne sie verbrennen.«
Aber der Junge fing an, sich am Flug zu erfreuen und ließ seinen Anführer im Stich und flog höher, als der Vater befohlen hatte.
Der höchst unglückliche Vater, sagte, nun nicht mehr Vater: »Ikarus, Ikarus, Ikarus, wo bist du?« Dann erblickte er die Federn sehr weit verstreut in den Wellen, verfluchte seine Handwerkskünste und begrub den Leichnam in einem Grab.

Einführungssätze

Daedalus sagte ernst zu seinem Sohn:
»Kreta ist schöner als unsere Heimat. Sie ist die schönste aller Inseln! Aber das Leben ist äußerst hart!
Länger kann ich hier nicht sein. Wir müssen ganz schnell fliehen!«

Aufgaben zum Lektionstext

1. 1.1 **Daedalus** longum exsilium perōsus tāctusque amōre patriae graviter dīxit: »**Mīnōs** terrās et undās nōbīs claudit, sed **caelum** certē apertum est. Quā viā īre **licet**.«
   (Daedalus) **Dīxit** et animum (dī-)mittit in ignōtās novāsque artēs: nātūram novat. Nam pōnit in ōrdine pennās: ā minimā incipit, longam post breviōrem pōnit, longissima ultima est, ut vērās imitētur avēs.
   Puer Īcarus propius stābat et, quia perīcula futūra ignōrat, sine cūrīs lūdit: Modo pennās faciliōrēs, quās aura mōverat, celeriter capiēbat, modo cēram pollice molliōrem facit lūsūque suō patris opus impediēbat.
   Daedalus, postquam manum ultimam im-posuit, fīliō cārissimō dīxit: »Bene **audī** (**Icare**)! Tē **moneō**: Mediā viā curre, Īcare! Sī propius terrae ībis, **unda** pennās graviōrēs faciet, sī altius, **ignis** sōlis incendet.«
   Sed **puer** coepit gaudēre volātū dēseruitque ducem et altius iter ēgit, quam **pater** iusserat.
   Pater īnfēlīcissimus, nōn iam pater, »Īcare« dīcēbat, »Īcare, Īcare, ubi es?«
   Tum (**Daedalus**) pennās longissimē dispersās **aspexit** in undīs, dēvōvit artēs suās, corpus sepulcrō condidit.

1.2

Daedalus (Z. 1–3)	Z. 1–3: perosus ... dixit	Daedalus empfindet Hass über seine Verbannung und entwickelt einen Fluchtplan.
Daedalus (Z. 4–6)	dixit animum mittit naturam novat ponit pennas incipit ... ponit ... ut imitetur	Daedalus widmet seinen Geist der Aufgabe und erschafft die Natur neu: Er baut Flügel, und zwar so, dass er wirkliche Vögel imitiert.
Icarus (Z. 7–10)	propius stabat (pericula ignorat) ludit pennas capiebat ceram molliorem facit opus impediebat	Ikarus steht neben seinem Vater und spielt sorglos mit den Federn, weicht das Wachs auf und steht seinem Vater im Wege.
Daedalus (Z. 11–13)	manum ultimam imposuit filio dixit	Als Daedalus letzte Hand angelegt hat, gibt er seinem Sohn Flugvorschriften.
Puer (Z. 16–17)	coepit gaudere deseruit ducem altius iter egit	Ikarus freut sich über das Fliegen, verlässt seinen Vater und fliegt zu hoch.
Pater (Z. 18–20)	dicebat pennas aspexit devovit artes corpus condidit	Daedalus sucht seinen Sohn, erblickt seinen Leichnam, verwünscht seine Handwerkskunst und bestattet Ikarus.

2. Daedalus baut künstliche Flügel und erschafft damit die Natur »neu«.

3. 3.1 Daedalus ist ein erwachsener und leidenschaftlicher Mann, der sowohl zu starkem Hass (per-osus) als auch zu Liebe und tiefer Trauer fähig ist. Er ist ein genialer Erfinder, der sogar die Natur nachbauen kann.
Ikarus ist noch ein Kind. Er steht dem Vater im Weg und spielt mit dessen Bastelzubehör. Sorgen über kommende Gefahren macht er sich nicht (sine curis, Z. 7), dazu ist er möglicherweise noch zu jung.
3.2 Daedalus liebt seinen Sohn Ikarus (filio carissimo, Z. 11), der noch relativ klein zu sein scheint. Er lässt ihn mit den Federn und dem Wachs spielen, ohne ihn zu tadeln. Als es ans Fliegen geht, erklärt er ihm, dass zu hoch oder niedrig fliegen gefährlich ist. Denn er hat tatsächlich Angst um seinen Sohn, da er beim Aufbruch weiche Knie hat (Z. 14). Am Ende ist er völlig verzweifelt (infelicissimus, Z. 18), als er seinen geliebten Sohn begraben muss.
Von Ikarus' Gefühlen seinem Vater gegenüber erfahren wir im Text nichts. Es könnte sein, dass er den Warnungen seines Vaters gar nicht zuhört (z. B. weil er noch mit den Federn spielt und abgelenkt ist, oder der Vater ihn nervt); vielleicht hört er aber auch zu und will sich daran halten, vergisst dann im Überschwang des Fliegens aber einfach die Warnung (coepit gaudere volatu, Z. 16).
3.3 Die beiden Bilder zeigen den Moment, wo Daedalus seinem Sohn die Flügel anlegt und ihm erklärt, dass er in der Mitte fliegen soll, nicht zu nah an der Sonne und nicht zu nah am Wasser.
Im linken Bild von Frederic Leighton ist Ikarus ein Jugendlicher, der sich von seinem Vater abwendet und aus dem Bild hinausblickt. Sein Vater sieht von unten zu ihm auf. Offensichtlich erreicht er mit seinen Mahnungen seinen Sohn nicht, der ihn zu ignorieren scheint und eher hochmütig-unerschrocken dem Abenteuer »Fliegen« entgegensieht.
Im rechten Bild von Joseph-Marie Vien ist Ikarus deutlich jünger, er ist seinem Vater zugewandt und scheint den Fluganweisungen zuzuhören. Vom Spiel hat er noch die Federn in der Hand. Dieses Bild ist der Darstellung bei Ovid deutlich näher, denn auch dort wirkt der Sohn relativ verspielt und jung.

4. Aus der Geschichte kann man Verschiedenes herauslesen:
   – Hochmut (Hybris) kommt vor dem Fall:
     Ganz offensichtlich will Ikarus sich nicht an den mittleren Weg halten, wird waghalsig und traut sich zu viel zu, schaut nicht mehr aufs Risiko. Dafür erhält er die Quittung und stürzt ab.
     Aber auch Daedalus könnte man Hybris unterstellen: Er will die Grenzen, die den Menschen gesetzt sind – dass sie eben nicht wie Vögel fliegen können –, nicht akzeptieren und versucht, die Naturgesetze außer Kraft zu setzen. Er will die Natur neu – und besser – erfinden.
   – Auch für die Beziehung Eltern – Kinder kann man etwas aus der Geschichte lernen: Wie können Eltern sicherstellen, dass sich die Kinder an wichtige Verbote (gefährlich) auch halten? Wie viel Begleitung/Aufsicht braucht ein Kind in welchem Alter? Was kann es allein entscheiden, wann und aufgrund welcher Kommunikation fühlt sich das Kind vielleicht bevormundet und hört deshalb nicht? Wie gelingt Kommunikation, warum manchmal nicht?

Übungen

1. langer Weg – kurzer Weg | teurer Anführer – unglücklicher Anführer | hoher Himmel – unbekannter Himmel | leichtes Werk – neues Werk | weiche Luftmassen – geringste Luftmassen

2. hoch → Höhe | kurz → Kürze | lang → Länge | sicher → Sicherheit | leicht → Leichtigkeit

3. a) to ignore: ignorare, nicht kennen – to touch: tangere, berühren – to close: claudere, schließen
   b) aspect: aspicere, ansehen – licence: licet, es ist erlaubt – deposit: deponere, ablegen
   c) brief: brevis, kurz – ultimate: ultimus, der letzte – certain: certus, gewiss

4. a) Franz.: facile: facilis, e: leicht – certain: certus, a, um: gewiss – neuf/neuve: novus, a, um: neu
   b) Span.: alto: altus, a, um: hoch – sol: sol, solis m.: Sonne – caro: carus, a, um: lieb, teuer – aspecto: aspicere, ansehen

5.

Positiv	Komparativ	Superlativ
	gravior: schwerer	
		longissimus: am weitesten
infelix: unglücklich		
	celerior: schneller	
		altissimum: am höchsten
	mollior: weicher	
		fortissima: am tapfersten
certa: sicher		

6. video patrem infelicissimum: ich sehe einen höchst unglücklichen Vater – celerrimo cursu: in schnellstem Lauf – filii miseriores: unglücklichere Söhne – in itinere ignoto: auf unbekanntem Weg – periculum gravissimorum vulnerum: die Gefahr heftigster Verwundungen

7. Die schnellen Jungen laufen auf der Straße. (Adjektiv) – Gaius läuft am schnellsten. (Adverb) –. Heute läuft er schneller als alle. (Adverb) – Denn Marcus ist nicht gekommen, der immer der schnellste Junge ist. (Adjektiv)

8. a) Das Wetter/der Himmel ist nicht gewiss. (Adjektiv) – Das hast du gewiss gehört. (Adverb)
   b) Britannien ist von Rom sehr weit entfernt. (Adverb) – Der Weg nach Britannien ist sehr weit. (Adjektiv)
   c) das glückliche Leben (Adjektiv) – glücklich leben (Adverb)

9. Der Weg ist so lang, wie wir es erwartet haben. (Vergleich) – Der Weg ist länger, als wir es erwartet haben. (Vergleich) – Der Weg, den wir sehen, ist lang. (Relativsatz) – Der Weg durch das Meer ist leichter als durch die Berge. (Vergleich) – Der neue Weg ist so schön wie er vorher war. (Vergleich)

10. In Ovids Geschichten handeln Menschen und Götter. – Diese/sie sind oft sehr grausam /oft von großer Grausamkeit. – Deren/ihr Zorn kann groß sein. – Aber Ovid erzählte auch von guten Göttern. – Durch deren/ihre Hilfe lebten die Menschen glücklich.

11. a) *Daedalus* (Subjekt) *alas* (Objekt) *facit* (Prädikat). Daedalus baut Flügel.
    b) *Filium* (Objekt) *monet* (Prädikat inkl. Subjekt): *Iter* (Subjekt) *facile non est* (Prädikat). Er mahnt seinen Sohn: Der Weg ist nicht leicht.
    c) *Filius* (Subjekt) *non audit* (Prädikat). Der Sohn hört nicht auf ihn.
    d) *Filius* (Subjekt) *ducem* (Objekt) *deseruit* (Prädikat 1) *et cecidit* (Prädikat 2). Der Sohn verließ seinen Anführer und stürzte hinab.
    e) *Pater* (Subjekt) *corpus filii* (Objekt) *condidit* (Prädikat). Der Vater begrub die Leiche seines Sohnes.

12. Ovid erzählt
    – dass Daedalus Flügel gebaut hat/habe.
    – dass Daedalus über den Himmel aus Kreta entkommen ist/sei.
    – dass der Weg durch den Himmel nicht leicht ist/sei.
    – dass die Götter den Menschen nicht alles gestatten.
    – dass Ikarus seinen Vater verlassen hat/habe und abgestürzt ist/sei.

13.

Präsens	Imperfekt	Perfekt	Plusquamperfekt
		aspexit: er, sie, es hat angesehen	
	stabamus: wir standen		
			posuerant: sie hatten gestellt
vivis: du lebst			
		vicit: er, sie, es hat gesiegt	
		duxerunt: sie haben geführt	
	ardebant: sie brannten		
traho: ich ziehe			
			tuleram: ich hatte gebracht

14. ardent → sie brennen → ardebant → sie brannten

respondet → er, sie, es antwortet → respondebat → er antwortete

servavit → er, sie, es hat gerettet → servaverat → er hatte gerettet

tenemus → wir halten → tenebamus → wir hielten

pepuli → ich habe geschlagen → pepuleram → ich hatte geschlagen

movebant → sie bewegten → movent → sie bewegen

pugnaverant → sie hatten geschlagen → pugnaverunt → sie haben geschlagen

15. In alten Zeiten lebte Daedalus in Athen. Dieser/er war der berühmteste Handwerker von allen. Der junge Perdix machte aber schönere Häuser. Daedalus war neidisch auf ihn und warf ihn kopfüber von der heiligen Burg der Minerva. Doch die Göttin, die seine Talente guthieß, fing ihn auf, machte ihn zu einem Vogel und er segelte mitten in der Luft mit Flügeln. Dieser/er fliegt in Erinnerung an seinen zurückliegenden Sturz nahe am Erdboden.

16. Nachschlagen in Verbtabelle: a) diceret → 3. Pers. Sg. Konj. Imperf. Akt. | b) negavissem → 1. Pers. Sg. Konj. Plqpf. Akt.

17. Nachschlagen in Verbtabelle, dann Blättern zu Passiv, um die Übersetzung rauszufinden: a) monetur: 3. Pers. Sg. Ind. Präs. Pass.: er, sie, es wird ermahnt | b) videbamur: 1. Pers. Pl. Ind. Imperf. Pass.: wir wurden gesehen | c) captae sunt: 3. Pers. Pl. Ind. Perf. Pass. (fem.): sie sind gefangen worden

Lektion 11

Lektionstext

Gebrochen durch den Krieg bauten die Anführer der Danaer mit Hilfe der göttlichen Kunstfertigkeit der Pallas Athene ein riesengroßes Pferd. Dieses füllten sie heimlich mit Soldaten. Sie legten ein Gelübde für ihre Rückkehr ab und verließen mit allen Schiffen die Küste, so dass wir glaubten, sie seien gegangen und hätten mit dem Wind Mykene zu erreichen gesucht.

Ganz Troja löste sich aus der ewig langen Traurigkeit; wir öffneten die Tore, es machte Freude, das verlassene Lager der Feinde und den verlassenen Strand zu sehen; wir betrachteten immer wieder das Geschenk der Griechen; schon forderten die ersten, dass wir das Pferd in die Stadt ziehen sollten.

Doch der weise Laocoon sagte: »Ach, ihr unglücklichen Bürger, warum seid ihr so dumm? Glaubt ihr, die Feinde seien gegangen? Glaubt dem Pferd nicht, Trojaner! Was es auch ist, ich fürchte die Griechen, selbst wenn sie Geschenke bringen.«

Obwohl er uns so ermahnt hatte, hörten wir trotzdem nicht auf ihn: Wir öffneten die Stadtmauer, um das Unglück bringende Ungeheuer in die Stadt zu bewegen. Um Mitternacht verließen die Griechen das Pferd. Nachdem sie die Wachen getötet hatten, öffneten sie die Tore für ihre Gefährten. Als die Griechen in die Stadt, die durch Schlaf und Wein begraben war, einfielen, siehe, da sah ich vor meinen Augen den toten Hektor. Er riet, mit der Familie aus der Stadt zu flüchten. Alle Luftzüge erschreckten uns, und als wir zu den Toren gekommen waren, hörten wir die Füße der Feinde. Wir stürzten durch die Tore und flüchteten über die Felder, aber als ich zurückblickte, war meine Frau nicht mehr da.

Einführungssätze

1. Weil Dido Aeneas eingeladen hatte, speiste sie mit ihm.

2. Als Aeneas speiste, erzählte er von seiner Flucht.

Aufgaben zum Lektionstext

1. Die Griechen bauten ein sehr großes hölzernes Pferd *(equum ingentem aedificaverunt)* und versteckten in ihm Soldaten *(clam militibus compleverunt)*. Sie ließen das Pferd am Strand zurück und segelten weg, vermutlich in ihre Heimat *(... crederemus eos abisse et vento Mycenas petivisse)*.

Die Trojaner öffneten die Tore *(aperuimus portas)*, sahen sich das nunmehr verlassene Lager der Griechen und den verlassenen Strand an *(castra hostium deserta, litus desertum)*. Trotz Laocoons Warnung *(cum monuisset)*, öffneten die Trojaner die Mauern und zogen das Pferd in die Stadt *(aperuimus moenia, ut … moveremus)*.

Um Mitternacht *(media nocte)* verließen die griechischen Soldaten das Pferd *(Danai equum reliquerunt)*, brachten die Wachen um *(vigiles ceciderunt)* und ließen ihre Gefährten ein *(sociis portas aperuerunt)*. Diese fielen in eine Stadt ein, die tief schlief *(Danai urbem invaderent)*. Aeneas sah plötzlich den toten Hektor vor sich *(vidi Hectorem mortuum)*, der ihm zur Flucht riet *(suadebat, ut … fugerem)*.

Auf der Flucht erschreckte sie einerseits jeder Lufthauch *(aurae terrebant)*, andererseits auch die nahenden Schritte der Griechen *(audivimus pedes hostium)*. Auf der Flucht über die Felder *(fugimus per campos)* geriet Aeneas' Frau aus dem Blick und ging verloren *(uxor non iam adfuit)*.

2. Aeneas wird vermutlich aus der Ich-Perspektive erzählen, entsprechend sind Verbformen in der 1. Person Singular und Plural (ich/wir) zu erwarten. Dagegen beschreibt er die Handlungen der Griechen, sodass es hier die 3. Pers. Sg. und Pl. sein wird. Möglicherweise beschreibt er auch einzelne Trojaner; die werden dann gleichfalls in der 3. Pers. stehen. Haupttempus der Erzählung ist wahrscheinlich das Perfekt.

Handlungen:

Der Griechen	Der Trojaner
Z. 1–3a	Z. 3b-12
Z. 13	
	Z. 14–20

3. Die Trojaner verließen ihre Stadt, nahmen mit eigenen Augen das verlassene Lager der Griechen sowie die von ihnen verlassene Küste wahr. Alles wirkt friedlich und entspannt, bis Laocoon nach dem Fordern, das Pferd in die Stadt zu bringen, auf die Gefahr aufmerksam macht.

Homoioteleuton: longissima tristitia; Chiasmus: solvit, aperuimus; Parallelismus: aperuimus …, iuvabat …; Hyperbaton: castra … deserta; Antithese: sed; Alliteration: primi poposcerunt, sed sapiens; Exclamatio: O; rhetorische Frage: cur.

4. Die Übersetzung »unglücklich« passt hier nicht, da das hölzerne Pferd keine Gefühle empfinden kann. Allerdings bereitet es Unglück, sodass man *infelix* mit »Unglück bringend« wiedergeben könnte.

Übungen

1. invadere: einfallen – invitare: einladen | respondere: antworten – respicere: zurückblicken | saepe: oft – sapiens: weise | totus: ganz – tantus: so groß | urbs: Stadt – usus: Nutzen | ab-ire: weggehen – ad-ire: hingehen | desinere: aufhören – deserere: im Stich lassen

2. castra invadere: in das Lager einfallen – moenia aedificare: Stadtmauern bauen – socii infelices: unglückliche Gefährten – ab urbe abire: von der Stadt abreisen – uxorem deserere: die Ehefrau verlassen – votum solvere: ein Gelübde einlösen – dona a duce poscere: Geschenke vom Anführer einfordern

3. a) absolvere: ab: von, weg → ab-, loslösen – b) perspicere: per: durch … hindurch → durchschauen – c) componere: cum: zusammen mit → zusammenstellen

4. celeritas → (celer → schnell) → Schnelligkeit, hohe Geschwindigkeit – b) felicitas → (felix → glücklich) → Glück, Glückseligkeit – c) sapientia → (sapiens → weise) Weisheit – d) aedificium → (aedificare → bauen) → Gebäude

5. urbe: urbs, Stadt – pacis: pax, Frieden – pedi: pes, Fuß – ducum: dux, Anführer – dona: donum, Geschenk – socio: socius, Gefährte – noctes: nox, Nacht

6. duco → ducere, führen – deserui → deserere: verlassen – solutum → solvere: lösen – eo → ire: gehen – monui → monere: ermahnen – iuverunt → iuvare: helfen

7.

Indikativ Imperfekt	Konjunktiv Imperfekt
mone-ba-t: er, sie, es ermahnte	monere-t
crede-ba-nt: sie glaubten	credere-nt
solv-eba-m: ich löste	solvere-m
iuva-ba-mus: wir halfen	iuvare-mus
relinqu-eba-s: du hast zurückgelassen	relinquere-s
incend-eba-t: er, sie, es zündete an	incendere-t

8.

Indikativ Plusquamperfekt	Konjunktiv Plusquamperfekt
monu-era-t: er, sie, es hatte gemahnt	monu-isse-t
aedificav-era-s: du hattest erbaut	aedificav-isse-s
redi-era-m: ich war zurückgekehrt	red-isse-m
respex-era-nt: sie hatten zurückgeblickt	respex-isse-nt
posu-era-mus: wir hatten gestellt	posu-isse-mus
tul-era-t: er, sie, es hatte gebracht	tul-isse-t

9. Die Trojaner sehen,
   - dass die Griechen ein Pferd bauen.
   - dass die Griechen den Göttern gegenüber Gelübde einlösen.
   - dass die Griechen weggehen.
   - dass ein Pferd an der Küste steht.
   - dass die Tore der Stadt zu eng sind.
   - dass sie das Pferd in die Stadt ziehen können.

10. Aeneas erzählte, dass
   - die Küste verlassen ist.
   - alle Trojaner glücklich waren.
   - die Menschen das riesige Pferd erblickt haben.
   - Laocoon die Bürger ermahnt hat.
   - die Feinde in die Stadt eingefallen sind.
   - er aus der Stadt geflohen ist.

11. a) Als die Feinde in die Stadt eingefallen waren, wollte Aeneas kämpfen.
    b) Dennoch floh er aus der Stadt, weil es die Götter befohlen hatten.
    c) Schon waren Feinde mit Schwertern da!
    d) Aber Aeneas konnte nicht schnell laufen, weil er seinen Vater und die Penaten trug und sein Sohn seine Hand hielt.
    e) Als es Nacht war, verlor er seine Frau.
    f) Obwohl er seine Frau verloren hatte, verließ er trotzdem die Stadt.
    g) Obwohl die Gefahren groß waren, erreichte er ein Schiff.

12. a) Aeneas versuchte, die Tore zu erreichen, wie es viele andere gemacht haben.
    b) Aeneas trug seinen Vater, um schneller zu laufen.
    c) Aeneas mahnte seinen Sohn, seine Hand zu halten.
    d) Aeneas warnte seinen Sohn zu schreien.
    e) So gelang es, aus der Stadt zu entkommen.
    f) Aeneas dankte den Göttern, wie es sich gehört.

13. – equus ligneus: ein hölzernes Pferd
    – insidiae Danaorum: ein Hinterhalt der Griechen
    – ira deorum: der Zorn der Götter
    – dolus Ulixis (= Odysseus): die List des Odysseus
    – prudentia Laocoontis: die Klugheit des Laocoon

14. Einige Griechen bleiben im Pferd. Das Pferd ist eng. Doch die Geduld der Männer ist riesig. Schließlich befreien sie sich aus dem Pferd. Die Griechen bereiten der Stadt den Untergang. Alle Einwohner verzweifeln.

15. a) gaudeant: 3. Pers. Pl. Konj. Präs. Akt., gaudere: sich freuen – b) respiciamus: 1. Pers. Pl. Konj. Präs. Akt., respicere: zurückblicken – c) aedificetis: 2. Pers. Pl. Konj. Präs. Akt., aedificare: bauen – d) ignoraverint: 3. Pers. Pl. Konj. Perf. bzw. Fut. II Akt., ignorare: nicht kennen

16. Laocoon rät, dass die Griechen das Pferd verlassen / dass sie das Stadttor schließen / dass sie am Pferd zweifeln.

Lektion 12

Lektionstext

Doch Dido spürte – wer kann eine Liebende täuschen? – die Pläne im Voraus. Sie wütete besinnungslos und zornentbrannt durch die ganze Stadt. Endlich sagte sie Aeneas dies:

»Versuchst du sogar, ein so großes Verbrechen zu verbergen und verschwiegen aus meinem Land abzuziehen? Und unsere Liebe hält dich nicht? Du fliehst vor mir?

Bei diesen Tränen und deiner rechten Hand, bei unserer Ehe: Wenn du mich jemals geliebt hast, bitte ich dich, dass du bleibst und mit mir herrschst. Deinetwegen habe ich meine Scham verloren, deinetwegen hassen uns die Völker von Lybien und die Könige der Numider.

Jetzt lässt du mich zurück, obwohl überall Feinde sind? Nicht einmal einen Sohn hast du mir gegeben, um die Erinnerung an dich zu bewahren!«

Der fromme Aeneas bewegte seine Augen nicht, um seine Sorge zu verbergen:
»Niemals, Königin, werde ich leugnen, wie viel du für mich getan hast. Weder fliehe ich heimlich noch bin ich nach Karthago gekommen, um dich zu heiraten noch habe ich den Beschluss gefasst, Karthago zu verlassen. Ich kann mein Leben nicht nach meinem Willen führen: Es ist der Wille Jupiters, dass ich nach Italien gehe. Dies ist meine Liebe, dies ist meine Heimat. Höre auf, mich und dich durch deine Klagen zu entflammen: Ich fahre nicht auf eigenen Wunsch nach Italien, sondern weil mich das Schicksal gezwungen hat.«

Einführungssätze

Dido lädt Aeneas ein, ein Freund zu sein, mit ihr zu speisen und sein Leben mit ihr zu führen.
Aeneas sagt, weshalb er aus Troja geflohen ist/sei.

Aufgaben zum Lektionstext

1. In einem Dialog sind vor allem Verbformen der 1. und 2. Person Singular zu erwarten, weil man sich austauscht und Informationen über sich selbst preisgibt sowie vom Gegenüber erfragt.

2. consilia praesensit (Z. 1); amantem (Z. 1); saevit sine animo incensaque ira (Z. 1 f.); amor noster (Z. 4); per eas lacrimas (Z. 5); rogo te (Z. 6); pudorem meam amisi (Z. 8); populi regesque nos oderunt (Z. 8)

3. Dido: rhetorische Fragen, Alliteration, asyndetisches Trikolon, Klimax, Parallelismus, Chiasmus, Anapher
   Aeneas: Apostrophe, Litotes, Anapher, Parallelismus, Alliteration, Chiasmus, Polyptoton, Epipher, Homoioteleuton

4. *Pietas* kann man nach römischer Meinung gegenüber den Göttern, der Familie und dem Vaterland zeigen. Aeneas' Verhalten ist *pius* in Bezug auf die Götter: Weil sie ihm befohlen haben, Karthago und Dido aufzugeben, zieht er nach Italien weiter. Aber er ist nicht *pius* gegenüber Dido, denn er bekennt sich dazu, dass er sie liebt und bei ihr eine Heimat gefunden hat. Trotz der Verbindung zu Dido, die sie als Ehe ansieht, ist er bereit, weiterzuziehen.
   Die Statue auf S. 63 zeigt, dass er gegenüber seinem Vater *pietas* zeigt: Er trägt ihn auf seiner Flucht.

Übungen

1. a) consilium capere: einen Beschluss fassen – b) vitam agere: das Leben führen – c) ignem incendere: Feuer entfachen – d) animum incendere: das Interesse wecken – e) de patria decedere: sich aus der Heimat entfernen – f) scelus tegere: ein Verbrechen verbergen – g) urbem condere: eine Stadt gründen – h) socios amittere: Gefährten verlieren

2. fate: fatum, Schicksal – relict: relinquere, zurücklassen – decede: decedere, weggehen – inter-rogation: interrogare, fragen – fugitive: fugere, flüchten

3. a) Der pflichtbewusste/fromme Aeneas – b) Pflichtbewusste Eltern – c) Es ist recht und billig. – d) Fromme Menschen beten im Tempel.

4. a) amator → amare → Liebhaber – b) imperator → imperare → Befehlshaber – c) spectator → spectare → Zuschauer – d) actor → agere → Verwalter

5.

Indikativ Präsens	Konjunktiv Präsens
ced-i-t: er, sie, es geht weg	ced-a-t
cred-u-nt: sie glauben	cred-a-nt
senti-mus: wir spüren	senti-a-mus
vide-t: er, sie, es sieht	vide-a-t
roga-tis: ihr fragt	roge-tis
ama-s: du liebst	ame-s

6. a) imperant: imperare, beherrschen, Indikativ – b) ponat: ponere, stellen, Konjunktiv – c) aspicis: aspicere, ansehen, Indikativ – d) stant: stare, stehen, Indikativ – e) vincam: vincere, siegen, Konjunktiv – f) ardemus: ardere, brennen, Indikativ – g) amemus: amare, lieben, Konjunktiv – h) manent: manere, bleiben, Indikativ – i) moneatis: monere, ermahnen, Konjunktiv – j) respondes: respondere, antworten, Indikativ – k) sit: esse, sein, Konjunktiv – l) credant: credere, glauben, Konjunktiv

7.

Indikativ Perfekt	Konjunktiv Perfekt
mis-it: er, sie, es hat geschickt	mis-eri-t
amav-erunt: sie haben geliebt	amav-erint
sens-imus: wir haben gespürt	sens-erimus
tul-istis: ihr habt getragen	tul-eritis

8.

Präsens	Imperfekt	Perfekt	Plusquamperfekt
a) sint, faciat	fugeret	dixerimus	tulisses
b) decedatis	irem	coeperim	credidissetis
c) servet, ferant	staremus		movisses

9. a) Die Götter befehlen Aeneas, ein neues Volk in Italien zu begründen.
    b) Nachdem Aeneas aus Troja geflohen ist, kommt er nach Karthago.
    c) Weil er Dido liebt, ignoriert er sein Schicksal.
    d) Er bleibt in Karthago, um Dido zu heiraten.
    e) Aber die Götter mahnen Aeneas noch einmal, die Stadt zu verlassen.
    f) Weil er pflichtbewusst ist, macht er, was die Götter befohlen haben.

10. a) Dido fragt, weshalb Aeneas Karthago verlassen muss/müsse.
     b) Dido bittet Aeneas, bei ihr zu bleiben.
     c) Dido vergießt Tränen, nachdem sie Jupiters Wünsche erfahren hat.
     d) Dido fragt, weshalb der Gott Jupiter von so großer Grausamkeit ist.
     e) Dido ist erzürnt, weil Aeneas dem Götterspruch gehorcht.
     f) Dido fürchtet, dass Aeneas auf der Reise umkommt.

11. Aeneas spaziert zusammen mit Dido durch die Wiesen. Plötzlich gibt es einen Platzregen unter großem Getöse. Dido und
     Aeneas wollen sich verbergen. Jetzt irrt Dido mit Aeneas durch die Wälder. Endlich kommen sie zu einer Höhle. Dort sind
     sie vor dem Platzregen geschützt. Am folgenden Tag suchen sie Karthago auf.

12. Iuppiter mittit Mercurem, qui Aeneam moneat. 3.Pers. Sg. Konj. Präs. Akt. → Nachschlagen unter Relativsätze mit Konjunk-
     tiv: Jupiter schickt Merkur, der Aeneas ermahnen soll.

13. Das unterstrichene Wort muss irgendwie vom Verb »fugere« kommen → Nachschlagen in Verbtabelle: Das Wort ist ein Par-
     tizip. Der aus Troja fliehende Aeneas verlor seine Ehefrau.

Lektion 13

Lektionstext

Dies war der Ursprung der Stadt Rom und der Beginn des größten Reiches nach der Macht der Götter.
Nachdem die Vestalin Rhea Silvia nach einer Vergewaltigung Zwillinge zur Welt gebracht hatte – entweder glaubte sie es so oder
weil ein Gott als Urheber der Schuld ehrenhafter war –, sagte sie, dass Mars Vater ihrer Söhne sei. Doch weder die Götter noch
die Menschen retteten die Söhne vor der Grausamkeit des Königs: Er befahl einem Sklaven, die Jungen in dem fließenden Wasser des Tibers auszusetzen.
Das Gerücht besagt, dass eine Wölfin, als der Trog an trockener Stelle zum Stillstand gekommen war, in ihrem Durst von den
Bergen zu den weinenden Kindern gekommen sei und sie genährt habe. So fand ein Hirte – Faustulus soll sein Name gewesen
sein – die Knaben, der sie seiner Frau gab.
Einmal, als sie bereits Jugendliche waren, packte Romulus und Remus die Gier, an den Stellen, wo Faustulus sie gefunden hatte, eine Stadt zu gründen. Dann aber gab es einen Steit, wer der neuen Stadt den Namen geben sollte und wer die Herrschaft in
seiner Hand halten sollte.
Die Brüder sahen, während sie eine göttliche Entscheidung durch den Vogelflug erwarteten, Geier: Zuerst sah Remus sechs,
dann Romulus die doppelte Anzahl. Beim Streit der Brüder, die aufgrund der göttlichen Entscheidung die Herrschaft für sich
forderten, starb Remus. Ziemlich bekannt ist das Gerücht, dass Remus über die neu gebauten Mauern des Bruders hinüberge-
sprungen sei, sodass der ihn tötete. Also nennen wir den Namen der Stadt nach dem Bruder, der alleine die Herrschaft innehielt.

Einführungssätze

Romulus und Remus schreien. Eine Wölfin hört die schreienden Kinder. / Eine Wölfin hört die Kinder, als sie schreien.
Die Wölfin kommt zu ihnen, weil sie die Jungen hört.

Aufgaben zum Lektionstext

1. – Putsch des Amulius: der ältere Bruder Numitor wird von der Macht verdrängt, seine Tochter Rhea Silvia gezwungen,
       jungfräuliche Priesterin der Vesta zu werden (*Rhea Silvia Vestalis*)
    – Vergewaltigung der Priesterin durch den Kriegsgott Mars (*vi compressa Rhea Silvia*)
    – Schwangerschaft und Geburt zweier Söhne infolge der Vergewaltigung (*geminos peperisset*)
    – Amulius befiehlt die Ermordung der Kinder (*servum … iubet*)

- stattdessen Aussetzung der Kinder durch einen Diener auf dem Tiber *(pueros in fluentem Tiberis aquam exponere)*
- der Tiber spült die Kinder ans Ufer *(cum alveus constitisset loco sicco)*
- die Kinder werden von einer Wölfin genährt *(lupam sitientem ex montibus ad pueros flentes venisse eosque aluisse)*
- der Hirte Faustulus findet die Kinder und nimmt sie bei sich auf *(pueros invenit pastor – Faustulum fuisse nomen ferunt –, qui pueros uxori dedit)*
- als Jugendliche erfahren die Kinder von ihrer Herkunft und setzen ihren Großvater Numitor wieder als Herrscher ein
- sie beschließen, eine neue Stadt zu gründen *(cum iam erant iuvenes, Romulum et Remum cupiditas cepit, ut in iis locis … urbem condere)*
- eine Vogelschau soll über Ort und Gründer entscheiden *(fratres augurium exspectantes)*
- Remus sieht zuerst 6 Geier auf dem Aventin, Romulus als zweiter 12 auf dem Palatin *(primus Remus videt sex, tum Romulus duplicem numerum)*
- Romulus überzeugt die Hirten und sichert den Palatin mit einer Mauer
- Remus provoziert seinen Bruder und springt über die Mauer *(Remum muros transsiluisse)*

2. Haec erat orīgō urbis Rōmae
   maximīque imperiī prīncipium secundum deōrum opēs.
   Vī **compressa** Rhēa Silvia Vestālis cum geminōs peperisset,
   - sīve ita **putāns** (Partizip),
   sīve quia deus auctor culpae honestior erat –
   Mārtem (Subj.-Akk.) **patrem** filiōrum **esse** (Inf.) **dīcit** (Kopfverb).
   Sed nec dī nec hominēs filiōs ā crūdēlitāte rēgis servant:
   Servum puerōs in **fluentem** (Partizip) Tiberis aquam ex-pōnere iubet.
   Fāma est (unpers. Ausdruck),
       cum alveus cōnstitisset locō siccō,
   lupam (Subj.-Akk.) **sitientem** (Partizip) ex montibus ad puerōs **flentēs** (Partizip) **vēnisse** (Präd.-Inf.)
   eōsque **aluisse** (Präd.-Inf.).
   Ita puerōs invēnit pāstor
   - **Faustulum** (Subj.-Akk.) **fuisse nōmen** (Präd.-Inf.) **ferunt** (Kopfverb) –,
       quī puerōs uxōrī dedit.
   Aliquandō,
       cum iam erant iuvenēs,
   Rōmulum et Remum cupiditās cēpit,
       ut in iīs locīs,
           ubī Faustulus eōs invēnerat,
       urbem conderent.
   Tum autem certāmen erat,
       quī nōmen novae urbī daret,
       quī-que imperium tenēret.
   Frātrēs augurium **exspectantēs** (Partizip) vīdērunt voltūrēs:
   Prīmus Remus videt sex,
   tum Rōmulus duplicem numerum.
   In certāmine frātrum ex auguriō imperium sibī **poscentium** (Partizip) Remus cecidit.
   Nōtior autem **est fāma** (unpers. Ausdruck) **Remum** (Subj.-Akk.) novōs frātris mūrōs **trāns-siluisse** (Präd.-Inf.),
       ut eum interficeret.
   Igitur nōmen urbis appellāmus ā frātre imperium sōlō **tenente** (Partizip).

3. Trennung von Fakten und Gerüchten durch Verweise wie »fama est« (Z. 8), »ferunt« (Z. 10), »notior autem est fama« (Z. 18), große Teile der Geschichte als indirekte Wiedergabe im AcI.

Übungen

1.

Imperium Romanum	Gefühle
toga: Toga, *ziviles Kleidungsstück* – imperium: Herrschaft – iubere: befehlen – patria: Heimat – honestus: ehrenhaft – imperare: herrschen – certamen: Kampf – civis: Bürger – rex: König – urbs: Stadt – fatum: Schicksal	flere: weinen – timere: sich fürchten – cupiditas: Gier – culpa: Schuld – amare: lieben – tristitia: Traurigkeit – lacrima: Träne

2. Nachdem Romulus (seinen Bruder getötet hatte), baute er an dem (Ort) am Tiber die neue (Stadt) auf. Doch die Bewohner (fanden) keine (Ehefrauen). Eine (Sage) besagt, dass sie deshalb eine große (Anzahl) von Frauen eines anderen (Volkes) entführten). So begann die (riesengroße Herrschaft) Roms mit einem weiteren (Verbrechen).

3. a) trans: transire: hinübergehen, transducere: hinüberführen, transferre: hinüberbringen, tradere (< transdare): übergeben

   b) post: postponere: hintanstellen, postferre: nachsetzen

   c) per: percurrere: hindurchlaufen, perducere: hindurchführen

   d) inter: interponere: dazwischenstellen, interfluere: durchströmen, intercurrere: zwischendurchlaufen, intermiscere: vermischen

4. pervenire: durch etwas zu einem Ziel gelangen (a) – perducere: durch etwas hindurchführen (a) – peragere: etwas durcharbeiten, etwas vollenden (a) – perficere: etwas ganz und gar fertigmachen, durcharbeiten (a) – perbrevis: durch und durch kurz (b) – perceler: durch und durch schnell, sehr schnell (b) – permagnus: durch und durch groß, sehr groß (b) – confluere: zusammenfließen (a) – convenire: zusammenkommen (a) – contrahere: zusammenziehen (a) – conficere: zusammenbringen, vollenden (a) – continere: zusammenhalten, festhalten (a) – conspicere: erblicken (b) – conservare: bewahren, retten (b)

5. flentes: flere, weinen, -nt – capientem: capere, fassen -nt- – putantis: putare, glauben, -nt – manentibus: manere, bleiben, -nt- – amante: amare, lieben -nt- – credens: credere, glauben, -ns

6. servantem deum: Akk. Sg. m. – fratrum tenentium: Gen. Pl. m. – flens puella: Nom. Sg. f. – poscentibus iuvenibus; Dat./ Abl. Pl. m. – aquae fluentis: Gen. Sg. f.

7. a) Weil er die Herrschaft anstrebte, vertrieb Amulius seinen Bruder vom Thron.

   b) Weil er die Rache seiner Neffen fürchtete, gab Amulius den Befehl, die Kinder zu töten.

   c) Als er den Befehl hörte, erschrak der Sklave.

   d) Obwohl er den Zorn des Königs fürchtete, tötete er die Kinder dennoch nicht, sondern setzte sie aus.

8. – *opes deorum [caelum tenentium]*: die Macht der Götter, die den Himmel beherrschen

   – *nomen viri [pueros servantis]*: der Name des Mannes, der die Kinder rettet

   – *fratrem [urbem condentem] deridere*: den Bruder, der die Stadt gründet, auslachen

   – *a fratre [murum trans-siliente] derideri*: von dem Bruder, der über die Mauer springt, ausgelacht werden

   – *magna cum cura lupam [sitientem] adire*: mit großer Vorsicht die Wölfin, die dürstet, aufsuchen

   – *gaudere de fama [originem Romae narrante]*: sich über die Sage freuen, die vom Ursprung Roms erzählt

9. *Faustulus ... liberos servat/servavit.* Faustulus rettet/rettete die Kinder ...

   – *... ad Tiberim veniens ...* – als er zum Tiber kommt/als er zum Tiber kam.

   – *... pueros in litore aspiciens ...* – weil er die Kinder am Ufer erblickt/erblickte.

   – *... metum puerorum sentiens ...* – weil er die Angst der Jungen spürt/spürte.

   – *... filios dei non cognoscens ...* – obwohl er die Söhne des Gottes nicht erkennt/erkannte.

   – *... se virum bonum putans ...* – weil er sich für einen guten Mann hält/hielt.

10. a) *Livius [Augustum audiens] de Romulo narrat.* Livius erzählt über Romulus, weil er auf Augustus hört.

    b) *Augustus [fabulas legens] gaudet.* Augustus freut sich, wenn er Geschichten liest.

    c) *Fama Livi [Romulum laudantis] magna est.* Der Ruhm des Livius, der Romulus lobt, ist groß.

    d) *Livius homines [fabulas exspectantes] delectat.* Livius erfreut die Menschen, die Geschichten erwarten.

    e) *Sed Livius clamorem hominum [se laudantium] non amat.* Doch Livius liebt das Geschrei der Menschen, die ihn loben, nicht.

    f) *Saepe a civibus [fabulas legentibus] se recipit.* Oft zieht er sich von den Bürgern zurück, während sie seine Geschichten lesen.

11. a) *Ovidius [preces Augusti audiens] non gaudebat.* Ovid freute sich nicht, als er die Bitten des Augustus hörte.

    b) *Imperium Augusti [fabulas petentis] oderat.* Er hasste die Herrschaft des Augustus, der Geschichten erbat.

    c) *Nam Ovidius de viris [feminas amantibus] narrare maluit.* Denn Ovid wollte lieber von Männern erzählen, die Frauen liebten.

    d) *Ita Ovidius Augustum [eas fabulas videntem] non delectavit.* So erfreute Ovid Augustus nicht, als er diese Geschichten sah.

    e) *Nam fabulae Augusto [ad vitam honestam monenti] nocebant.* Denn die Geschichten schadeten Augustus, der zu einem ehrenhaften Leben mahnte.

12. Am Anfang hatten die Römer keine Frauen. Weil die Römer keine Frauen hatten, fassten sie einen Beschluss: Sie luden die benachbarten Sabiner ein.

    Die Freude der Sabiner war groß, weil sie prächtige Spiele erwarteten.

    Doch die Römer stellten eine Falle und entführten die Töchter der Sabiner in ihre eigenen Häuser.

    Wenige Monate später schlossen alle Frieden.

13. a) *Livius ab Augusto rogatus fabulas narravit.* Livius erzählte Geschichten, weil er von Augustus darum gebeten worden war. (Vorzeitigkeit)

    b) *Livius homines ad vitam honestam ducturus fabulas narravit.* Livius erzählte Geschichten, weil er Menschen zu einem ehrenhaften Leben führen wollte. (Nachzeitigkeit)

Lektion 14

Lektionstext

Lucretia nahm die Gäste gut auf, wobei Sklaven gutes Essen vorsetzten. Während alle speisten, betrachtete Tarquinius nur Lucretia. Weil ihn die Gestalt und die Tugend dieser Frau antrieben, konnte er seine Augen nicht abwenden. Bald packte ihn das üble Verlangen, Lucretia gewaltsam zu schänden.

Nach dem Essen zogen sich alle in ihre Schlafzimmer zurück. Während die anderen schliefen, kam Tarquinius, weil er leidenschaftlich entbrannt war, zur schlafenden Lucretia. Mit seiner linken Hand drückte er die Frau nieder und sagte: »Schweige, Lucretia, ich bin Sextus Tarquinius; ich habe ein Schwert in meiner Hand. Ich werde dich töten, wenn du nicht schweigst …«

Während die ängstliche Lucretia aus dem Schlaf heraus keine Hilfe, sondern den Tod erwartete, gestand Tarquinius seine Liebe, bat sie, vermischte Bitten und Drohungen. Auf jede mögliche Weise bemühte er sich, ihre Einstellung zu ändern.

Weil sie ihn einerseits nicht erhörte, andererseits den Tod nicht fürchtete, fügte er andere Drohungen hinzu: Er sagte, dass er einen erdrosselten Sklaven nackt neben sie legen werde, wenn sie tot sei, damit alle glaubten, Lucretia sei beim Ehebruch gestorben. Als Tarquinius sie durch diesen Schrecken besiegt hatte, ging er weg.

Lucretia schickte, weil sie durch ein so großes Übel traurig war, einen Boten zu ihrem Ehemann, damit er mit Freunden komme. Er fand seine traurige Ehefrau, während sie im Schlafzimmer saß, vor. Ihrem Mann, der fragte, was geschehen sei, antwortete sie: »Spuren eines fremden Mannes, Collatinus, sind in deinem Bett; im Übrigen ist nur der Körper verletzt, nicht die Einstellung. Der Tod wird mein Zeuge sein. Rächt mich!«

Während der Ehemann verblüfft dastand, tötete sie sich selbst mit einem Messer, das sie unter ihrem Gewand hatte.

Einführungssätze

Tarquinius erfreut sich am Wein. Weil ihm der Wein gefällt, freut sich Tarquinius.
Während alle speisen, betrachtet Tarquinius Lucretia.

Aufgaben zum Lektionstext

1.

Lucretia	recepit (Z. 1)
Tarquinius	spectabat (Z. 2) – avertere non potuit (Z. 3)
omnes	se receperunt (Z. 5)
Tarquinius	venit (Z. 6) – pressit, inquit (Z. 7) – sum, interficiam (Z. 8) – confessus est, orabat, miscuit (Z. 10) vertere studebat (Z. 11) – addidit, dixit (Z. 12)
Lucretia	esset mortua (Z. 13)
omnes	crederent (Z. 14)
Tarquinius	vicisset, abiit (Z. 15)
Lucretia	mittit (Z. 16) – respondit (Z. 18) – habebat (Z. 21) – interfecit (Z. 21)
Collatinus	veniat, invenit (Z. 17)

2. Lucrētia hospitēs bene recēpit [servīs cēnam bonam praestantibus]. [Omnibus cēnāntibus] Tarquinius nēminem spectābat nisī Lucrētiam. [Cuius fōrmā et virtūte incitantibus] Tarquinius oculōs āvertere nōn potuit. Mox eum mala libīdō Lucrētiae per vim stuprandae cēpit.

Post cēnam omnēs in cubicula sē recēpērunt. [Aliīs dormientibus] Tarquinius autem [amōre ārdēns] ad Lucrētiam [dormientem] vēnit. Manū sinistrā mulierem pressit et »Tacē, Lucrētia«, inquit, »Sextus Tarquinius sum; ferrum in manū est. Tē interficiam, sī nōn tacēs.«

[Lucrētiā pavidā ex somnō nūllam opem, sed mortem exspectante] Tarquinius amōrem cōnfessus est, ōrābat, miscuit precibus minās. Omnibus ratiōnibus animum vertere studēbat.

[Eā nōn audiente neque mortem timente] addidit aliās minās: Dīxit sē eī, cum esset mortua, iugulātum servum nūdum positūrum esse, ut omnēs crēderent Lucrētiam in adulteriō mortuam esse. Quō terrōre Tarquinius cum vīcisset, abiit.

Lucrētia maesta tantō malō nūntium ad marītum mittit, ut cum amīcīs veniat. Uxōrem [sedentem] maestam in cubiculō invēnit. Marītō [interrogantī], quid accidisset, respondit: »Vestīgia virī aliēnī, Collātīne, in lectō sunt tuō; cēterum corpus est tantum violātum, haud animus. Mors testis erit. Ulcīsciminī!«

[Marītō stupente] sē ipsam cultrō, quem sub veste habēbat, interfēcit.

3. Szene 1: Gäste schlagen vor der Haustür auf, Sklaven öffnen und führen die Gäste zu Lucretia, die ihre Sklaven beaufsichtigt, wie sie das Abendessen vorbereiten. Lucretia wendet sich freundlich, aber gesittet ihren Gästen zu und fordert sie auf, sich niederzulassen. Immer wieder zieht Tarquinius alle Blicke auf sich, weil er es nicht unterlässt, permanent auf Lucretia zu starren.

Szene 2: Schon während alle Gäste nach dem Abendessen in ihre Schlafzimmer gehen, guckt Tarquinius gierig Lucretia hinterher, legt sich ins Bett, findet aber keinen Schlaf – und sucht auch keinen. Er guckt durch einen Spalt seiner Tür, ob keiner auf dem Flur zu sehen ist, und geht zu Lucretias Schlafzimmer, in das er, ohne anzuklopfen, eindringt. Er presst seine Hand auf ihren Mund, damit sie nicht schreit. Lucretia ist zuerst geschockt, weil sie ahnungslos in dieser Weise aus dem Schlaf gerissen worden ist. Dann bittet sie in Todesangst, er möge sie verschonen.

Der Blick fokussiert sich immer weiter auf Tarquinius, der mit immer unverschämteren Drohungen gegen sie eindringt. Lucretia wirkt immer kleiner und zurückgezogener – sofern gefilmt wird, ist sie von oben zu sehen –, Tarquinius immer größer und wilder – in einem Film von unten –, bis er schließlich geht.

Szene 3: Völlig verzweifelt schickt die allein zurückgelassene Lucretia einen Boten zu ihrem Mann. Sie bittet den Boten, so schnell wie möglich ihren Mann zurückzubringen. Trotzdem blickt sie verzweifelt zum Himmel, weil sie ihre Ehre beschädigt sieht. Während sie darüber nachsinnt, wie sie ihre Ehre retten kann, läuft sie unschlüssig durch ihr Haus und nimmt aus der Küche ein Messer mit, bevor sie sich in ihr Schlafzimmer zurückzieht.

Szene 4: Endlich naht ihr entschlossen einherschreitender Ehemann. Seine Hand ruht auf seinem Schwert; sein entschlossener Blick späht umher, um einen Gegner zu finden. Vorsichtig betritt er Lucretias Raum und sieht sie in ihrem desolaten Zustand. Mit dramatischer Geste weist sie auf ihr Bett und die Spuren des fremden Mannes darin, dann richtet sie ihren Blick und ihre Hände auf ihren Mann, um seine Rache zu erflehen, bevor sie sich so rasch ersticht, dass er nicht mehr dagegen einschreiten kann.

4. Lucretia wird als tugendhafte, ja ideale Matrona gezeichnet: Sie empfängt Gäste (Z. 1), welche die Freunde ihres Mannes sind, und bewirtet sie entsprechend ihrem Rang. Zu ihren charakterlichen Tugenden (*virtus*, Z. 3) kommt ihre Schönheit (*forma*, Z. 3).

Sie ist zudem mutig und unerschrocken: Obwohl sie von Tarquinius aus dem Schlaf gerissen und mit Bitten und Drohungen bedrängt wird, gibt sie seinem Drängen nicht nach – lieber würde sie sterben als ihre Ehre aufgeben (*ea non audiente neque mortem timente*, Z. 12); erst als sie fürchten muss, als Ehebrecherin dazustehen, wehrt sie sich nicht länger (Z. 15).

Dass sie sich am Ende der Geschichte ins Messer stürzt, lässt sich unterschiedlich bewerten: Ist es ein Zeichen von vorbildhaftem Mut, weil ihr Tod ihren Mann zur Rache verpflichtet, was schließlich zum Ende der Königsherrschaft führt? Oder ist es Lucretias Ausweg aus einem für sie unerträglich gewordenen Leben, weil sie die Vergewaltigung eben doch als Ehrverlust und Schande empfindet? Den Gedanken, dass sie nur durch den Tod ihre Ehre bewahren konnte, würden wir heute eher ablehnen und sie diesbezüglich nicht als Vorbild sehen.

Tarquinius wird im Text durchweg negativ, also als Anti-Vorbild, gezeichnet: Er erscheint triebgesteuert, gewissenlos und gewalttätig: Ihn befällt angesichts der schönen und tugendhaften Ehefrau eine *mala libido* (Z. 4), er brennt vor Liebe (*amore ardens*, Z. 6). Diesem Trieb gibt er in der Nacht nach und missbraucht das Gastrecht: Er schleicht sich nachts in Lucretias Schlafzimmer, und als er sie mit Bitten nicht umstimmen kann, droht er ihr mit einem ehrlosen Tod als vermeintliche Ehebrecherin.

5. Der Gegensatz zwischen Lucretia und Tarquinius wird in den ersten beiden Sätzen durch einen Chiasmus vorbereitet (Lucretia Abl. abs. – Abl. abs. Tarquinius).

Die Formulierung *mala libido Tarquinium cepit* (Z. 4) zeigt, dass Tarquinius seine Leidenschaften nicht im Griff hat, sondern sie ihn und sein Handeln bestimmen: Die Lust als handelnde »Person« ergreift einen Tarquinius, Tarquinius ist syntaktisch also Objekt und nicht Handelnder. Die Alliteration und Metapher *amore ardens* (Z. 6) zeigt bildlich, wie intensiv seine Gefühle sind: Tarquinius wird von der Liebe verzehrt, er brennt.

Das Trikolon *amorem confessus est, orabat, miscuit precibus minas* (Z. 10) macht sein intensives Werben um Lucretia deutlich, Tarquinius wird immer zudringlicher: Er gesteht ihr seine Liebe, dann bittet er sie – und als alles nichts fruchtet, da droht er. Lebendig wird die Erzählung u. a. durch die Passagen in direkter Rede (Tarquinius, Z. 7 f., Lucretia Z. 18–20).

Übungen

1. maritus – mulier: Ehemann – Ehefrau | nemo – omnes – ceteri: niemand – alle – die übrigen | venire – se recipere: kommen – sich zurückziehen | alienus – notus: fremd – bekannt | maestus esse – gaudere: traurig sein – sich freuen | interrogare – respondere: fragen – antworten

2. se domum recipere: sich nach Hause zurückziehen – preces mulieris audire: die Bitten der Ehefrau anhören – formam sub veste celare: die hübsche Gestalt unter der Kleidung verbergen – homo ingenti virtute: ein Mann von ungeheurer Tapferkeit – femina magnae formae: eine Frau von großer Schönheit

3. mit **Tapferkeit** die Feinde besiegen – die **Tüchtigkeit/Kraft** des Packesels – die **Leistungsfähigkeit** des Körpers und des Geistes – die **Integrität** des Geschäftsmannes – der Händler hat keine **Moral**: Er betrügt.

4. die Götter haben den Menschen **Verstand** gegeben – Was denkst du? Dies ist meine **vernüftige Überlegung**. – Warum hast du das gemacht? Was ist der **Grund**? – der Krieg ist das letzte **Mittel** – **Theorie** und Praxis der Kriegsführung

5.

Nom. Sg.	Abl. Sg.	Abl. Pl.
forma	forma	formis
alienus	alieno	alienis
homo	homine	hominibus
vestis	veste	vestibus
usus	usu	usibus

6. cenantibus: cenare, speisen – inveniente: invenire, finden – in locis: locus, Ort – famis: fama, Gerede – nocte: nox, Nacht – rediente: redire, zurückkehren – tanta: tantus: so groß

7. interroganti: fragen, Dat. Sg. m., f., n., -nt- – prementibus: drücken, Dat./Abl. Pl., m., f., n., -nt- – vertentia: wenden, Nom./ Akk. Pl. n., -nt- – rediens: zurückkehren, Nom. Sg. m., f., n., -ns – audientium: audire: hören, Gen. Pl. m., f., n., -nt-

8. cum servis cenam praestantibus – maritum uxorem amantem – Tarquinii amore ardentis – mulier mortem non timens – omnibus viris cenantibus – amico nuntium audienti

9. Während es der Ehemann nicht wusste, besuchte Tarquinius Lucretia.
   Weil die Leidenschaft brannte, ging er in ihr Schlafzimmer.
   Obwohl Tarquinius sie zwang, leistete sie Widerstand.
   Während alle schliefen, geschah das Unglück.
   Als/Obwohl ihre Freunde Hilfe versprachen, nahm Lucretia sich das Leben.
   Indem sich Lucretia selbst tötete, erhielten römische Frauen ein Vorbild.

10. Tarquinius bedrängt/bedrängte Lucretia …
    – weil ihr Ehemann abwesend ist/war.
    – während alle schlafen/schliefen.
    – weil seine Lust es ihm befiehlt/befahl.
    – während seine tugendhaften Eigenschaften schweigen/schwiegen.
    – wobei seine Gewalt die Frau im höchsten Maß erschreckt/erschreckte.

11. Horatius Cocles war ein Mann von großer Tapferkeit. Als Porsenna Rom mit einem großen Heer belagerte, befestigten die Römer ihre Stadt mit Schutztruppen. Aber eine Brücke verband die Ufer des Flusses Tiber. Auf dieser Brücke hätten die Feinde beinahe den Fluss überquert. Als alle bereits die Hoffnung verloren, verteidigte Cocles alleine die Brücke. Endlich stürzte er sich in den Fluss, wobei die Götter ihm halfen.

12. Nachschlagen in den Verbtabellen → Es sind Passivformen.
    a) 3. Pers. Sg. Präs. Passiv: Das Essen <u>wird</u> von den Sklaven <u>zubereitet</u>.
    b) 3. Pers. Sg. Imperfekt Passiv: Collatinus <u>wurde</u> von allen <u>erwartet</u>.

13. Das sieht aus wie ein Abl. abs. → dort Nachsehen unter »nominaler Abl. abs.«:
    Unter der Königsherrschaft des Tarquinius kämpfte Collatinus gegen Ardea.

Lektion 15

Lektionstext

Laelius: »Ich bitte dich, Scipio, uns darzulegen, welche Staatsform du für die beste hältst. Denn es ist angemessen, dass in erster Linie der führende Mann des Staates über den Staat spricht –.«
Philus sagte: »Und du wirst aufgrund deiner Erfahrung im Staatswesen von niemandem übertroffen. Und diese Angelegenheit wurde oft von dir mit Panaetius und Polybius erörtert.«
Scipio: »Wenn ich gefragt werde, welche Art eines Staates ich am meisten billige, sage ich, dass unser Staat der bei weitem beste ist. Denn es gibt drei Arten eines Staates:
– Wenn die oberste Staatsleitung bei einem einzigen liegt, wird dieser eine König genannt.
– Wenn wir aber von wenigen gewählten Männern beherrscht werden, dann werden diese die Optimaten genannt.
– Der Staat aber wird Volksstaat genannt, in dem alles beim Volk liegt.
Aber von diesen drei Arten ist keine einzige vollkommen. Denn leicht wandeln sie sich zu ihren Lastern. So ist jeder Staat wie die Natur und der Wille dessen, der ihn beherrscht. Wenn der König anfängt, ungerecht zu sein, geht diese Gattung zugrunde, und er ist ein Gewaltherrscher. Die hervorragende Gattung der Optimaten wird zur Herrschaft einer kleinen Clique, allzu große Freiheit des Volkes wird ohne irgendwelche Gesetze zu ungezügelter Freiheit. Bei weitem am besten ist aber der Zustand unseres Staates, weil in ihm alles wiedergefunden wird, was an den drei Arten gelobt wird.«

Einführungssätze

Laelius fragt Scipio. Scipio wird von Laelius gefragt.

Daher sagt er über den Staat: »Unser Staat ist der beste.«

Aufgaben zum Lektionstext

1. Es handelt sich um ein Gespräch zwischen Philosophen bzw. politisch interessierten Intellektuellen und einem Mann, der in der Politik große Erfahrung gesammelt hat.

   Gliedernde Elemente des Gesprächs sind die jeweils Redenden Laelius (Z. 1), Philus (Z. 3), Scipio (Z. 6).

   Innerhalb der Rede Scipios ist eine argumentative Struktur zu erkennen. Er beginnt mit einer Behauptung *(dico)*, dass der römische Staat der beste sei, und schließt mit der Begründung *(nam)* an. Es folgt die Darstellung der einzelnen Staatsformen; Monarchie und Aristokratie durch die *cum*-Anapher, antithetisch *(autem)* wird die Demokratie angeschlossen.

   In einer weiteren Antithese *(sed)* geht Scipio auf die jeweiligen Schwächen der einzelnen Staatsformen ein. Wiederum folgt auf die Behauptung, dass keine dieser drei Staatsformen vollendet sei, eine argumentative Struktur *(nam, talis-qualis, cum)*. Scipio schließt mit einer Wendung zu *res publica Romana*, wiederum eingeleitet durch eine Antithese *(autem)*.

2. Monarchie *(cum summa rerum est apud unum)*, Aristokratie *(cum a paucis regimur)*, Demokratie *(in qua in populo sunt omnia)* – dazu die römische Mischverfassung *(in eo inveniantur omnia, quae laudantur in tribus generibus)*

3. Die Atmosphäre des Gesprächs ist freundlich und respektvoll, allerdings wird auch eine gewisse Hierarchie zwischen den Gesprächsteilnehmern deutlich: Laelius und Philus scheinen eher Stichwortgeber zu sein, sie bitten Scipio um seine Ausführungen zur Staatsphilosophie, weil er viel Erfahrung in der Politik hat *(principem rei publicae/usu in re publica)*. Selbst wenn sie selber schon vorher etwas über Staatsphilosophie gelesen haben oder sich Gedanken gemacht haben, gilt das Wort Scipios. Scipio greift die Bitte wörtlich wieder auf *(cum rogor ..., Z. 6)*. Offensichtlich wird er häufiger um seine Meinung gebeten. Wegen seiner hohen Rangstellung unterbricht niemand Scipio, wenn er redet. Die übrigen Gesprächspartner scheinen sich jedoch ins Wort fallen zu können, so wie Philus dem Laelius.

   Wenn Scipio spricht, versichert er sich nicht bei seinen Zuhörern zurück, ob ihnen das Vorgetragene verständlich ist, und er selber fragt auch nicht nach deren Meinung.

4. 4.1 Kernaussagen

Verfassungen	Monarchie	Aristokratie	Demokratie	Römische Verfassung
Verfassungen	tria genera rei publicae			nostra res publica
Lateinisch	rex	optimates	civitas popularis	
Definition	summa rerum apud unum	pauci electi	in populo omnia sunt	omnia, quae laudantur in tribus generibus
Gefahr	tyrannus	imperium factionis	infinita licentia	
Bewertung	non perfectum			longe optimum

4.2 Scipios Schlussfolgerung: Scipio beschreibt die römische Verfassung als Mischung der drei Gattungen Monarchie, Aristokratie und Demokratie: Zwei Konsuln (monarchisches Element), Senat (aristokratisches Element), Volksversammlung (demokratisches Element). Dabei ist die Macht jedes einzelnen Teils stark eingeschränkt: Die Konsuln kontrollieren sich gegenseitig und sind zudem nur auf ein Jahr im Amt, der Senat hat eher beratende Funktion, die Volksversammlung stimmt zwar über Gesetze ab, aber nur in engen Grenzen: Zustimmung/Ablehnung der vorformulierten Gesetzesvorschläge, kein eigenes Initiativrecht.

In der Tat kombiniert die römische Verfassung erkennbar Elemente von Demokratie, Aristokratie und Monarchie, allerdings zum erkennbaren Nutzen der Aristokratie, so dass sie fraglos für die Aristokraten bei weitem die beste Staatsordnung ist.

4.3 Vergleich mit der Verfassung der Bundesrepublik Deutschland.

Die BRD ist eine Demokratie (Grundgesetz, Art. 20: Die Bundesrepublik Deutschland ist ein demokratischer und sozialer Bundesstaat. Alle Staatsgewalt geht vom Volke aus).

Allerdings ist sie nicht das, was die antiken Staatstheoretiker unter einer Demokratie verstanden: Die Bürger üben nicht direkt staatliche Macht aus (beschließen also nicht direkt Gesetze oder urteilen in Volksgerichten, und die Regierung wird nicht durch Los bestimmt).

Stattdessen ist ein wesentliches Merkmal unserer Demokratie, dass
- Gewaltenteilung besteht zwischen Regierung (Exekutive), Gesetzgebung (Legislative) und den Gerichten (Judikative),
- Minderheiten vor der Mehrheit geschützt sind,
- die Legislative und Exekutive von den Bürgern durch Wahlen auf Verfassungsorgane (Regierung und Parlament) übertragen wird (repräsentative Demokratie).

Insofern könnte man sagen, dass auch unsere Demokratie Elemente einer Mischverfassung aufweist, vor allem die Beschränkung von Macht.

Im Sinne der römischen Mischverfassung wählen die deutschen Staatsbürger (also auch Frauen) die parlamentarische Vertretung. Die Abgeordneten verfügen nur für die Wahlperiode über ihren Sitz darin, während alle vormaligen Beamten auf Lebenszeit Mitglieder des Senats waren. Römische Bürger stimmten über Gesetze ab, was für deutsche Bürger nicht vorgesehen ist. In jedem Fall ist dies ein deutliches Element der Demokratie.

Der Senat ist wie der deutsche Bundestag für die Legislative zuständig. In der Regel sind die Abgeordneten wie auch die Minister Mitglieder von Parteien, die es in Rom noch nicht gab, die aber gerade im Wahlkampf den Amtsbewerbern eine große Unterstützung leisten. Ob die Gewählten auch dem Wort nach die Besten sind, ist möglicherweise Definitionssache, in jedem Fall aber ist es Element einer Aristokratie.

Die heutigen Minister haben ihr Amt nicht nur ein Jahr, sondern in der Regel vier Jahre inne und sind üblicherweise Mitglieder des Bundestages. Ihnen steht der Bundeskanzler mit seiner Richtlinienkompetenz vor, der aber nicht monarchisch herrschen kann, sondern zum Ablegen von Rechenschaft gegenüber dem Parlament und der Opposition verpflichtet ist. In einer Monarchie werden hoheitliche Stellen vererbt; römische Beamte und deutsche Minister haben die Ämter nur auf Zeit inne.

Übungen

1. a) civitas: Bürgerschaft – frater: Bruder – lex: Gesetz – princeps: führender Mann des Staates
   b) clarus: berühmt – fama: Gerede – memoria: Erinnerung – nemo: niemand
   c) explicare: erklären – perire: zugrundegehen – disserere: erörtern
   d) virtus: Tugend – vitium: Laster – iustus: gerecht – imperium: Herrschaft

2. a) Staat und Politik

Zustand	Recht und Freiheit	Staatsformen
status civitatis status nostrae rei publicae summa rerum	libertas, lex	civitas popularis
	res publica	
Gute Herrscher	Herrscher und Herrschen	Schlechte Herrscher
rex pauci electi optimates populus	princeps regere	tyrannus factio licentia

   b) ein philosophisches Gespräch

Einteilen		Erklären
tria genera sunt		explicare disserere
	Philosophisches Gespräch	
Definieren		
dicere appellare		

   c) wertende Begriffe

Lob		Tadel
probare optimus perfectum praeclarus laudare		vitia iniustus perire nimia libertas infinita licentia
	wertende Begriffe	
	Ausgleich aequum est	

3. Justiz: ius, Recht → Rechtspflege durch Gerichte – Legislative: lex, Gesetz + ferre, einbringen → Gesetzgebung – zivil: civis, Bürger → den Bürger betreffend – explizit: explicare, erklären → deutlich – Dissertation: disserere, erörtern → wissenschaftliche Erörterung – Publikum: publicus, öffentlich → Teilnehmer an einer öffentlichen Veranstaltung

4. public: publicus, öffentlich – equal: aequus, gleich – just: iustus, gerecht – summit: summus, Gipfeltreffen – vice: vicis, wechselseitig – civic: civis: bürgerlich – to explain: explanare: erklären – converse: convertere, wechselseitig – probe: probus, rechtschaffen

5. re (Abl. Sg.) publica – rem (Akk. Sg.) publicam – res (Nom. Sg.) publica | (Nom. Pl.) publicae | (Akk. Pl.) publicas – rei (Gen./Dat. Sg.) publicae

6. a) rebus: *Abl. Pl. f.* → bonis
   b) rationem: *Akk. Sg. f.* → humanam
   c) genus: *Nom./Akk. Sg. n.* → novum
   d) res: *Nom. Pl. f.* → clarae, faciles; *Akk. Pl. f.* → suas
   e) vitium: *Nom./Akk. Sg. n.* → grave
   f) leges: *Nom. Pl. f.* → iniustae
   g) usus: *Nom. Pl. m.* → breves; *Akk. Pl. m.* → breves, iustos

7. a) vincor: ich werde besiegt – b) vincebatur: er, sie, es wurde besiegt – c) rogabar: ich wurde gefragt – d) laudamini: ihr werdet gelobt – e) rogaris: du wirst gefragt – f) regebamur: wir wurden regiert

8.

	Indikativ	Konjunktiv
Präsens	probatur: es wird gebilligt premor: ich werde bedrängt	appellemini: ihr werdet gerufen ameris: du wirst geliebt ducantur: sie werden geführt
Imperfekt	inveniebaris: du wurdest gefunden	regerentur: sie wurden beherrscht

9. regunt – reguntur: *3. Pers. Pl. Ind. Präs. Aktiv* bzw. *Passiv:* Präsensstamm + Personalendungen für Aktiv oder für Passiv.
   regant – regantur: *3. Pers. Pl. Konj. Präs. Aktiv* bzw. *Passiv:* Präsensstamm + Moduskennzeichen -a- für den Konjunktiv + Personalendungen für Aktiv oder für Passiv.
   regebant – regebantur: *3. Pers. Pl. Ind. Imperf. Aktiv* bzw. *Passiv:* Präsensstamm + Tempuskennzeichen -ba- fürs Imperfekt + Personalendungen für Aktiv oder für Passiv.
   regerent – regerentur: *3. Pers. Pl. Konj. Imperf. Aktiv* bzw. *Passiv:* Präsensstamm + Moduskennzeichen -re- für den Konjunktiv Imperfekt + Personalendungen für Aktiv oder für Passiv.

10. *ducit – ducitur:* er/sie/es führt – er/sie/es wird geführt | *ducat – ducatur* | *ducebat – ducebatur:* er/sie/es führte – er/sie/es wurde geführt | *duceret – duceretur*
    premimus – premimur: wir drängen – wir werden gedrängt | *premamus – premamur* | *premebamus – premebamur:* wir drängten – wir wurden gedrängt | *premeremus – premeremur*
    invenitis – invenimini: ihr findet – ihr werdet gefunden | *inveniatis – inveniamini* | *inveniebatis – inveniebamini:* ihr fandet – ihr wurdet gefunden | *inveniretis – inveniremini*
    laudas – laudaris: du lobst – du wirst gelobt | *laudes – lauderis* | *laudabas – laudabaris:* du lobtest – du wurdest gelobt | *laudares – laudareris*
    moveo – moveor: ich bewege – ich werde bewegt | *moveam – movear* | *movebam – movebar:* ich bewegte – ich werde bewegt | *moverem – moverer*
    probo – probor: ich heiße gut – ich werde gutgeheißen | *probem – prober* | *probabam – probabar:* ich hieß gut – ich wurde gutgeheißen | *probarem – probarer*
    pellunt – pelluntur: sie schlagen – sie werden geschlagen | *pellant – pellantur* | *pellebant – pellebantur:* sie schlugen – sie wurden geschlagen | *pellerent – pellerentur*
    ponit – ponitur: er/sie/es stellt – er/sie/es wird gestellt | *ponat – ponatur* | *ponebat – ponebatur:* er/sie/es stellte – er/sie/es wurde gestellt | *poneret – poneretur*
    spectas – spectaris: du betrachtest – du wirst betrachtet | *spectes – specteris* | *spectabas – spectabaris:* du betrachtetest – du wurdest betrachtet | *spectares – spectareris*

11. Die ideale Staatsform wird von Cicero erläutert. Die *res publica* wird vom Konsul geschützt. Ihm wird von den Senatoren Vertrauen geschenkt. Kluge Gesetze werden von ihnen erlassen. Die Gesetze werden von den Bürgern befolgt. Dann wird der Streit von den Ständen beigelegt. So wird die Einheit des Staates von uns erreicht.

12. *De re publica a Cicero narrabatur:* Von Cicero wurde über den Staat erzählt:
    A consule consilia capiuntur: Von einem Konsul werden Beschlüsse gefasst.
    A senatoribus consul auditur: Von den Senatoren wird der Konsul angehört.
    Leges bonae scribuntur: Gute Gesetze werden aufgeschrieben.
    Ita ab ordinibus concordia omnium parabatur: So wurde von den Ständen die Eintracht aller hergestellt.

13. Die Anfänge der Republik waren schwierig …
    – weil viele Menschen Gewaltherrscher fürchteten.
    – während die Bürger ihre Freiheit schon erblickten.
    – obwohl die Senatoren sehr gute Gesetze erörterten.
    – weil viele Gefahren drohten.

14. *Cives (rem publicam condentes) multa disserebant.* Die Bürger erörterten vieles, während sie ihren Staat gründeten.
    Populus a principibus (rem publicam regentibus) leges bonas poposcit. Das Volk forderte von den führenden Männern, welche den Staat leiteten, gute Gesetze.
    Qui vota populi (reges timentis) non audiebant. Diese hörten nicht auf die Wünsche des Volkes, das Könige fürchtete.

15. Als Cicero Konsul war, drohte dem Staat großes Unheil. Denn der Senator Catilina zettelte mit vielen Begleitern eine Verschwörung an. Doch von Cicero wurde das Amt des Konsuls ordentlich ausgeführt und um die Aufgaben bestens gekümmert. Cicero betrieb die Angelegenheit so heftig, dass Catilina floh.

16. Die Verbformen sind in der Passivtabelle zu finden:
    laudatae sunt: Perfekt Passiv – *laudatae erant:* Plusquamperfekt Passiv
    Gute Gesetze sind gelobt worden / waren schon immer gelobt worden.

17. Die Formen sind in der Verbtabelle zu finden: Beide Formen sind Futur I.
    Zu allen Zeiten werden die Bürger gute Gesetze wünschen/beachten.

Lektion 16

Lektionstext

Tiberius Gracchus, auf dessen Betreiben hin dieser Vertrag abgeschlossen worden war, wurde, während er eine Strafe fürchtete, Volkstribun. Obwohl er ein Mann von größter Begabung und von vielen Tugenden war, verließ er die Optimaten: Er brachte, weil es alle auf der Stelle wünschten, bei der Volksversammlung ein Ackergesetz ein, das dem Senat nicht gefallen hatte, und bewirkte durch eine scharfe Rede, dass dem Kollegen Octavius, der für das Gute im Staat einstand, das Amt entzogen wurde.
Auf diese Weise wurde das Gesetz angenommen, aber der Staat in Gefahr gebracht. Im folgenden Jahr bewarb sich Tiberius um ein weiteres Tribunat.
Da mahnte P. Scipio Nasica, obwohl er ein Verwandter des Ti. Gracchus war, die Optimaten und einen Teil des Ritterstandes und die von den verdorbenen Beschlüssen unberührte Plebs, den Staat zu retten, weil er das Vaterland seiner Verwandtschaft vorzog. Während Gracchus zusammen mit seinem Haufen auf dem Kapitol stand, wurde er von diesen angegriffen, und während er floh und vom Kapitol herablief, wurde er durch das Trümmerteil eines Senatssitzes getötet. Sein Leichnam wurde mit ungeheuerlicher Grausamkeit der Sieger in den Tiber hinabgeworfen.
Dies war der Beginn des Blutvergießens unter Bürgern in Rom, von hier aus wurde das Recht mit Gewalt ausgelöscht und Kriege wurden ohne (gute) Gründe begonnen, sondern je nachdem, welchen Gewinn man sich davon versprach.
Dies ist nicht verwunderlich: Denn Vorbilder bleiben dort nicht stehen, wo sie ihren Anfang genommen haben.

Einführungssätze

Tiberius Gracchus machte ein Ackergesetz.
Ein Ackergesetz ist von Tiberius gemacht worden.

Aufgaben zum Lektionstext

1. a) Hintergründe der Agrarreform: Wegen der immer weiter entfernteren Kriegsschauplätze und der zahlreichen Kriege waren viele Männer im Kriegsdienst und konnten ihre Feldarbeit nicht mehr verrichten. Wenn auch ihre Frauen und Kinder dazu nicht in der Lage waren, mussten sie den Hof aufgeben. Reiche Großgrundbesitzer erwarben immer mehr Land und ließen Sklaven preisgünstig im großen Umfang produzieren, sodass die Kleinbauern nicht mehr konkurrenzfähig waren und verarmt in die Städte zogen.
   b) verfassungsrechtliche Beschränkungen der Amtsgewalt: Auch ein Tribun hat eine Amtszeit von nur einem Jahr (Annuität). Ein römischer Beamter konnte nicht einen Amtsgenossen seines Amtes entheben, da dies die Kollegialität bedrohte. Zudem war der Beamte vom Volk gewählt; es wäre Zeichen von Monarchie gewesen, Amtskollegen abzusetzen.

2. Subjekte und Prädikate
   Tiberius Gracchus tribūnus plēbis factus est – id foedus āctum erat – vir esset – (vir/Tiberius) dēseruit – quae nōn placuerat (Tiberius) rogāvit et effēcit – imperium abrogārētur – lēx accepta (est) – rēs pūblica ad-ducta est – Tiberius petīvit P. Scīpiō Nāsīca ad-monuit – (Scipio) necessārius esset – (senatores, equites, populus) servārent. – Gracchus petītus est et occīsus est. – Corpus deiectum est. – Id initium fuit – iūs obrutum est – bella inita sunt – mercēs fuit – Quod mīrum est exempla cōnsistunt – (exempla) coepērunt.

3. foedus – tribūnus plēbis – optimātēs – lēx agrāria – senātus – rogāre – ōrātiō – collēga – rēs pūblica – imperium abrogāre – lēx – equester ōrdo – cōnsilium – plēbs – Capitōlium – urbs Rōmā – iūs

4. Der Verlauf von Gracchus' Karriere: Tiberius Gracchus → Kapitulationsurkunde vor Numantia → vom Senat nicht anerkannt → Angst vor Strafe → Bewerbung ums Tribunat → Trennung von den Optimaten → Beantragung eines Ackergesetzes → Amtsenthebung des Octavius → Bewerbung um zweites Tribunat → Angriff von Optimaten → Flucht → Totschlag

5. Vergehen des Ti. Gracchus:
   - Trennung von den Optimaten trotz guter Anlagen
   - Einbringen eines Ackergesetzes ohne Zustimmung des Senats
   - Absetzung des Amtsgenossen Octavius (Verfassungsbruch)
   - Bewerbung um unmittelbar folgendes weiteres Tribunat (Verfassungsbruch)
   - → Staat ist hierdurch in Gefahr gebracht worden

6. 6.1. An sich könnte von der Sache her das Handeln sowohl des Gracchus als auch des Senats/Scipios gemeint sein; beide begehen Verfassungsbrüche, die dazu führen, dass die politische Lage eskaliert, was dann in den folgenden Jahren zu den vielen Bürgerkriegen führt. Der Autor jedoch scheint Scipios Handeln gut zu heißen (oder zumindest nicht offen zu kritisieren), während er Gracchus von Anfang an vorwirft, gegen die Optimaten zu sein (*optimates deseruit, Z. 4*). Das legt den Schluss nahe, dass er selbst eher den Optimaten nahesteht – und demzufolge mit »id initium« vor allem die Maßnahmen des Gracchus meint.
6.2. Gemeint ist, dass selbst dann, wenn ein erster Präzedenzfall vielleicht auf eine gute Sache abzielt, eben doch ein Präzedenzfall geschaffen wird, der später in anderen Zusammenhängen missbraucht werden kann. So hat beispielsweise Gracchus als erster einen Volkstribun absetzen lassen – vielleicht um einer guten Sache willen – aber genau das ist später öfter geschehen und eben als politisches Kampfmittel eingesetzt worden. Ebenso verhält es sich mit der Ermordung des Gracchus durch die Optimaten: Auch hier ist eine Grenze gefallen (die Unantastbarkeit der Volkstribunen), was sich später rächen wird.

Übungen

1. vom Berg hinabwerfen – Kriegsgrund – andere Vorbilder wünschen – Bürgerrecht – durch eine Rede Wunder bewirken – Teil eines Jahres

2. annus, anni, o-Dekl., Jahr; ius, iuris, 3. Dekl., Recht; senatus, senatus, u-Dekl., Senat; genus, generis, 3. Dekl., Art; virtus, virtutis, 3. Dekl., Tugend; alienus, alieni, o-Dekl., fremd/Fremder

3. causa belli – die **Ursache** für den Krieg; ea de causa: **aus diesem Grund** – pluribus de causis – aus mehreren **Gründen** – causam agere – einen **Fall vor Gericht** verhandeln; causam perdere – einen **Prozess** verlieren – causa disserendi – **das Thema** der Erörterung

4. actum erat: agere, verhandeln – placuit: placere, gefallen – cupivisse: cupere, wünschen – amatae sunt: amare, lieben – praelati: praeferre, bevorzugen – inceptum est: incipere, anfangen – effecerunt: efficere, bewirken – deiecerant: deicere, hinabwerfen – perierant: perire, zugrunde gehen – additum sit: addere, hinzufügen – pressa: premere, drücken

5. amata sum: ich bin geliebt worden – acceptus est: er ist angenommen worden – servata sum: ich bin gerettet worden – petiti erant: sie waren angegriffen worden – ad-ductus es: du bist herbeigeführt worden – praelatum erat: es war vorangetragen worden – desertae estis: ihr seid verlassen worden

6.

	Präs.	Imperf.	Perf.	Plqupf.
Ind.	*invitor*: ich werde eingeladen	*aedificabatur*: er/sie/es wurde gebaut	*auditi estis*: ihr seid gehört worden *victi sunt*: sie sind besiegt worden	*laudata eras*: du warst gelobt worden
Konj.	*moneamini*: ihr werdet ermahnt	*mittereris*: du wurdest geschickt *tangerentur*: sie wurden berührt	*ductae simus*: wir sind geführt worden	*completi essent*: sie waren erfüllt worden

7. a)

amatus est: er ist geliebt worden	amatus erat: er war geliebt worden
coacti sunt: sie sind gezwungen worden	coacti erant: sie waren gezwungen worden
acceptae sunt: sie sind angenommen worden	acceptae erant: sie waren angenommen worden
deserta sum: ich bin verlassen worden	deserta eram: ich war verlassen worden

b)

amatus sim	amatus essem
coacti sint	coacti essent
acceptae sint	acceptae essent
deserta sim	deserta essem

8. Alle glauben, dass
   a) gute Gesetze vom Volk eingebracht werden.
   b) ein Staat durch gute Gesetze bewahrt werde.
   c) der Staat von guten Männern gegründet worden ist.
   d) die Bürger durch Gesetze von schlechten Taten ferngehalten werden.
   e) die Gesetze des Staates bestens beschlossen worden sind.

9. Gracchus ist getötet worden,
   – weil er Gesetze gegen den Senat vollzog.
   – weil er sich um ein weiteres Tribunat bewarb.
   – weil die Senatoren den Brauch der Vorfahren bewahrten.
   – weil die Senatoren einen Umsturz befürchteten.

10. Von Gracchus wurde ein Gesetz eingebracht, weil er sich um das Tribunat bewarb.
    Das Gesetz gefiel dem Senat nicht, weil er Gracchus fürchtete.
    Weil die Senatoren das Gesetz fürchteten, töteten sie Gracchus.
    Das Volk schützte Gracchus, während er floh.
    Der Leichnam des Gracchus, der nichts Böses wünschte, wird hinabgeworfen.

11. <u>Wann</u> hört unsere Familie auf, sich wahnsinnig zu verhalten?
    Wann kann dieser Sachverhalt <u>Maß</u> halten?
    Wann <u>hören wir auf</u>, <u>Ärger</u> zu haben?
    Wann <u>schämen wir uns</u> vor dem Staat?
    Sobald ich tot bin, kannst du deiner Verpflichtung <u>nachgehen</u>.
    Mach, was dir <u>beliebt</u>, wenn ich es nicht merke.

12. Vor allem sehr kurze Wörter wie Pronomina und ihre deklinierten Formen (z.B. *mei, mihi, me, mecum*) oder kurze Wörter wie *res*, Formen unregelmäßiger Verben wie z.B. *esse (eram, sit)* sind schwer im Wörterbuch zu finden.

13. Erkennen als Abl. abs. → dort in der Grammatik nachsehen → Abl. abs. mit vorzeitigem Partizip: Nachdem Gracchus getötet worden war, begannen Kriege in Rom.

14. a) collegae: *Gen. Sg., Dat. Sg., Nom. Pl.* – b) res: *Nom. Sg., Nom. Pl., Akk. Pl.* – c) impetus: *Nom. Sg., Gen.Sg., Nom. Pl., Akk. Pl.* – d) civilis: *Nom. Sg. m./f., Gen. Sg. m./f./n.*

Lektion 17

Lektionstext
Die erste Liebe des Phoebus Apoll war Daphne – nicht vom Schicksal, sondern durch den Zorn des Cupido war sie ihm gegeben worden.
Apoll, stolz über eine besiegte Schlange, hatte gesehen, wie Cupido einen Bogen spannte und sagte: »Was willst du, Knabe, mit starken Waffen? Mich schmücken solche Dinge. Für dich ist es genug, mit deiner Fackel Liebe zu erregen oder zu vertreiben!«
Weil der Sohn der Venus durch solche scharfen Worte angestachelt war, antwortete er dem Gott: »Obwohl du alle Ungeheuer durch deinen Bogen besiegt hast, kann mich niemand bezwingen: Um wie viel alle Tiere dir Gott weichen, um so viel geringer ist dein Ruhm als meiner!«
Das sagte er, ging weg und nahm zwei Geschosse aus seinem Köcher: Ein goldenes, das Liebe bewirkt, und eines aus Blei, das sie vertreibt. Dieses befestigte der Gott in der Nymphe, aber mit jenem verletzte er Apollo. Sofort liebt der eine, die andere flieht vor dem Begriff der Liebe. Also öffnete die Nymphe den in ihrem Herzen verborgen Wunsch ihrem Vater; mit ihren Händen umschloss sie seinen Hals und sagte dann: »Gewähre mir, dass ich ewig Jungfrau bin. Dies gewährte zuvor schon der Vater der Diana.« Nachdem er diese Worte gehört hatte, gestattete er seiner Tochter, alleine in den Wäldern zu leben.
Doch ihre Schönheit stand dem Wunsch der Daphne entgegen. Denn Phoebus liebt sie und wünscht die Ehe mit der Daphne, sobald er sie gesehen hat. Mit ganzem Herzen von Liebe ergriffen, betrachtet er Daphne. Er sieht Augen, die den Sternen ähnlich strahlen, sieht Lippen, die nur zu sehen nicht genug ist. Er lobt ihre Finger und Hände und Arme und ihre nackten Oberarme. Er glaubt, dass das, was verborgen ist, noch besser ist.

Einführungssätze
Daphne ist von Apollo gesehen worden. Nachdem er Daphne gesehen hat, ergreift großes Verlangen Apollo. Apollo liebt die gesehene Daphne/nachdem er sie gesehen hat.

Aufgaben zum Lektionstext
1. Abschnitt 1, Z. 1–2: *amor erat/datus est* – Einleitung, Liebe als zentrales Handlungsmotiv
   Abschnitt 2, Z. 3–5: *Apollo superbus viderat/inquit*; Vorwürfe des Apoll gegenüber Cupido
   Abschnitt 3, Z. 6–8: *Filius Veneris respondet*: Cupido kündigt seine Überlegenheit an
   Abschnitt 4, Z. 9–11: *(Filius Veneris) dixit, abiit, prompsit*: Cupido verschießt seine Pfeile
   Abschnitt 5, Z. 12–15: *nympha (Daphne) aperuit/ait*; *pater dedit*; *nympha vivat*: Daphnes Wunsch nach Keuschheit und die Erlaubnis ihres Vaters
   Abschnitt 6, Z. 16–20: *forma obstat*; *Phoebus amat/cupit/spectat/videt/laudat/putat*: Apolls zunehmendes Verlangen nach körperlichem Kontakt

2. Das Geschoss aus Blei (*plumbeum ... hoc*, Z. 10) durchbohrt die Nymphe, das goldene verletzt Apoll (*illo laesit Apollinem*, Z. 10). Die Wirkung ist gegensätzlich: während sich Apoll verliebt (*alter amat*, Z. 11), meidet Daphne alles, was mit Liebe zusammenhängt (*fugit altera nomen amoris*, Z. 11).

3. Dass beide Pfeile in etwa gleiche Kraft ausüben, verdeutlicht der Parallelismus *aureum, quod facit amorem, plumbeum, quod pellit* (Z. 9f). Die stärkere Kraft der Liebe deutet sich aber bereits dadurch an, dass der erste Relativsatz über ein Objekt verfügt, während der zweite schwächer ist; ihm fehlt es. Die gegenteilige Wirkung zeigt sich im Chiasmus *alter amat, fugit altera* (Z. 11).

4. Apoll wird als *superbus* (Z. 3) charakterisiert, was zwar möglicherweise mit dem Stolz über den getöteten Drachen zu erklären ist. Im Rahmen römischer Wertebegriffe klingt aber eine Erinnerung an Tarquinius Superbus an, der Lucretia geschändet hat und damit die Monarchie in Verruf brachte. Und auch Apoll ist bereit, die Weigerung der Daphne zu missachten: *vidisse non satis est* (Z. 19).
Apoll ist sehr leidenschaftlich (Z. 20: *amat, cupit*; Z. 21: *toto pectore amore captus*) und kann seinen Blick nicht von ihr lassen (Z. 17: *visae Daphnes*, Z. 18: *spectat, videt*, Z. 19: *vidisse*).
Apoll ist zwar von Cupido zu diesem Verhalten angestachelt worden, verhält sich aber gleichwohl nicht ehrenhaft. Insofern kann man Ovids Darstellung als Kritik an Augustus' Sittenpolitik interpretieren, zumal Apoll für Augustus ein wichtiger Gott war.

5. a) Cupido ist bereit, die Wirkung seiner Pfeile aufzuheben. Dann können Apoll und Daphne prüfen, ob sie ohne Fremdsteuerung Zuneigung zueinander empfinden.
   b) Apoll gewinnt durch nette Worte und kleine Geschenke Daphnes Zuneigung.
   c) Daphne rennt schnell weg oder versteckt sich, bis Apoll die Lust an ihr verliert.
   d) Apoll lässt nicht locker und zwingt ihr seinen Willen auf.

Übungen

1. homo – Mensch, animal – Tier | venire – kommen, cedere – weggehen | pudor – Scham, vitium – Laster | varius – verschiedenartig, similis – ähnlich | pauci – einige, wenige, omnes – alle

2. Im **Wald** der antiken Sagen befinden sich viele **Lebewesen**. Glaubt man Ovid, ist er voll von **Göttern** und **Göttinnen**, die nicht immer **besser** sind als die Menschen. Aber selbst für die **Hochmütigen gehört es sich**, dem **Schicksal zu weichen**. **Auf ewig** werden sie sich unter **den Gestirnen verbergen** und den Menschen ähnlich sein.

3. a) digital: digitus, Finger → mit den Fingern | b) Minorität: minor, kleiner → der geringere Anteil | c) Laesion: laedere, verletzen → Verletzung | d) dezent: decet, es gehört sich → so, wie es sein soll: nicht zu wenig, nicht zu viel | e) animalisch: animal, Tier → tierisch, nicht typisch für Menschen | f) Perpetuum mobile: perpetuus → beständig, mobile: mobilis, beweglich → immer in Bewegung

4. a) aurum → (aureus → golden) → Gold; b) similitudo → (similis → ähnlich) → Ähnlichkeit; c) superbia → (superbus → hochmütig) → Hochmut; d) laesio → (laedere → verletzen) → Verletzung; e) perpetuitas → (perpetuus → beständig) → Ewigkeit, Beständigkeit; f) (se)cessio → ((se)cedere → weggehen, sich trennen) → Trennung; g) gloriosus, a, um → (gloria → Ruhm) → ruhmreich

5. a) so ... wie b) so (beschaffen) ... wie (beschaffen)

6. vive**n**tes: vivere, leben – pul**sus**: pellere, vertreiben – opprime**n**tem: opprimere, niederdrücken – mo**tos**: movere, bewegen – da**n**tibus: dare, geben – fac**ta**: facere, machen

7. deus captus – der ergriffene Gott; oculos videntes – sehende Augen; hostem victum – der besiegte Feind; clamoribus auditis – das gehörte Geschrei; pectore laeso – die verletzte Brust – puellae latentes – Mädchen, die sich versteckt haben

8. a) Weil Apoll nach dem gesamten Ruhm strebt/strebte
   b) Während Amor den Gott bereits quält/quälte
   c) Obwohl viele Männer ihre Gestalt preisen/priesen

9. Cupido besiegt/besiegte Apoll
   ... während er seinen Bogen zieht/zog.
   ... während er sein Geschoss abschießt/abschoss.
   ... als der sich hochmütig zeigt/zeigte.
   ... der/weil dieser den ganzen Ruhm für sich beansprucht/beanspruchte.

10. a) Nachdem die Schlange besiegt worden ist / Nachdem die Schlange besiegt worden war
    b) Nachdem der Bogen gezogen worden ist / Nachdem der Bogen gezogen worden war
    c) Obwohl Apoll von Liebe ergriffen ist / Obwohl Apoll von Liebe ergriffen worden war

11. Nachdem die Worte Apolls gehört worden sind, ist Cupido erzürnt.

    Nachdem er Apolls Worte gehört hat, ist Cupido erzürnt.

    Nachdem Daphne durch ein Geschoss getroffen worden ist, verletzt er auch Apoll.

    Nachdem er Daphne durch ein Geschoss getroffen hat, verletzt er auch Apoll.

    Nachdem dies getan worden ist, entflammt er Liebe in Apoll.

    Nachdem er dies getan hat, entflammt er Liebe in Apoll.

12. a) Weil Cupido von Apoll verletzt worden ist, zieht er seinen Bogen.

       Weil Cupido von Apoll verletzt worden war, zog er seinen Bogen.

    b) Apoll fürchtet das Geschoss, das von Cupido abgeschossen worden ist, nicht.

       Apoll fürchtete das Geschoss, das von Cupido abgeschossen worden war, nicht.

    c) Aber die Kraft des Geschosses, das von Cupido abgeschossen worden ist, ist groß.

       Aber die Kraft des Geschosses, das von Cupido abgeschossen worden war, war groß.

    d) Apoll liebt, weil er durch das Geschoss verletzt worden ist, Daphne.

       Apoll liebte, weil er durch das Geschoss verletzt worden war, Daphne.

13. Zornentbrannte Menschen machen verwunderliche Dinge.

    Auch zornentbrannte Männer werden gefürchtet.

    Man glaubt Menschen, die ihre Vernunft gebrauchen, am meisten.

    Nach dem Gebrauch des Verstandes kommen bessere Sachen zustande.

    Nach dem Verlust des Verstandes lenkt Gier die Menschen.

14. Pyramus und Thisbe, der eine der schönste unter den jungen Männern, die andere ein sehr ansehnliches Mädchen, bewohnten benachbarte Häuser. Die Nachbarschaft führte zum Kennenlernen und den ersten Schritten; mit der Zeit wuchs die Liebe. Doch die Väter verboten die Ehe. Also beschließen sie, mitten in der Nacht die Stadt zu verlassen und unter dem Schatten eines Baumes zusammenzukommen. Thisbe kommt als erste an; aber nachdem sie einen Löwen gesehen hat, flüchtet sie in eine Höhle und verliert dabei ihren Umhang. Als Pyramus den Umhang des Mädchens gefunden hat, glaubt er, sie sei tot. Er tötet sich selbst mit dem gezückten Schwert.

15. Das scheint eine Partizip-Konstruktion zu sein → Nachschlagen unter »Partizipkonstruktionen« → mit Partizip der Nachzeitigkeit: Cupido ergreift einen Bogen, weil er Geschosse abschießen will.

16. huic: Dat. Sg. m./f./n. – ipsorum: Gen. Pl. m./n. – aliquem: Akk. Sg. m./f. – quibuscumque: Abl./Dat. Pl. m./f./n.

Lektion 18

Lektionstext

Jene flieht schneller als Luft und bleibt bei diesen Worten des Mannes, der sie zurückruft, nicht stehen: »Nymphe, ich bitte dich, bleibe doch! Ich folge dir nicht als Feind. Liebe ist für mich der Grund, dir zu folgen! Ich Armer! Dieses Gelände ist rau: Ich bitte dich, laufe langsamer, damit du nicht fällst! Ich werde dir auch langsamer folgen. Frage dennoch, wem du gefällst. Du weißt nicht, vor wem du fliehst, und deswegen fliehst du. Jupiter ist mein Vater, durch mich wird verkündet, was ist, was gewesen ist und was sein wird …«
Er sagte noch mehr, doch die Nymphe floh in schnellem Lauf: Winde entblößten ihren Körper, Gegenwind ließ ihr Gewand flattern, die Luft wehte die Haare nach hinten – ihre Schönheit ist durch die Flucht noch verstärkt worden!
Der durch Amor angestachelte Gott hält es nicht aus, weiterhin Schmeicheleien zu verschleudern: Wie ein Hund einen Hasen sieht, und dieser nach der Beute strebt, jener nach Rettung, so verhielten sich auch Gott und Jungfrau: dieser ist schnell aufgrund seiner Hoffnung, jene aus Angst. Nachdem sie ihre Kräfte verbraucht hatte, bat Daphne, wobei sie auf die Wellen ihres Vaters schaute: »Bring mir Hilfe, Vater. Es ist besser zu sterben! Oder entstelle meine Gestalt, durch die ich allzu sehr Gefallen erregt habe, dadurch, dass du sie verwandelst.«
Kaum hatte sie ihre Bitte ausgesprochen, da befällt schwere Erstarrung ihren Körper, zu Laub wachsen die Haare, zu Ästen ihre Arme. Allein der Glanz der jungen Frau bleibt in jenem Baum zurück.
Auch diesen liebt Phoebus und gibt dem Baum, nachdem er ihn umarmt hat, Küsse: »Da du ja nicht meine Frau sein kannst, sei mein Baum!«

Einführungssätze

Apoll sieht Daphne. Diese flieht, aber jener folgt ihr schnell.

Aufgaben zum Lektionstext

1. Sprechen: re-vocantis verba, precor, ōrō, loquebātur, blanditiās perdere, precāta est, prece dictā

   Flucht: Fugit celerius aurā, neque cōnsistit, curre, fugiās, fugis, celerī cursū fūgit, fugā

   Körper: corpus, capillōs, fōrma, figūram, capillī, bracchia

2. Z. 1–6: Apoll fordert Daphne auf stehenzubeiben oder vorsichtiger zu laufen

Z. 7–9: Wind lässt Daphnes Figur auf ihrer Flucht deutlich erkennen

Z. 10–12: Apoll rennt Daphne wie ein Jäger seiner Beute hinterher

Z. 13–15: Daphne bittet Peneius, sie zu verwandeln

Z. 16–17: Daphne verwandelt sich in einen Baum

Z. 18–19: Apoll gesteht seine Liebe auch zum Baum

3. – Apoll behauptet, kein Feind zu sein: *Nōn tē sequor hostis* (Z. 2). Doch weil sie sich nicht freiwillig ihm hingibt, jagt er ihr wie einer Beute hinterher. Damit ist sein Argument nicht stimmig, weil ein Jäger naturgemäß der Feind seiner Beute ist.

– Apoll gibt vor, verliebt zu sein: *Amor est mihī causa sequendī!* (Z. 2 f.). Das Argument stimmt insofern, als er von Cupidos Pfeil verletzt worden ist. Würde er aber Daphne lieben, würde er auch ihren Wunsch respektieren, dass er ihr nicht nachsetzt.

– Apoll stellt sich als Gottheit dar: *Nescīs, quem fugiās, ideōque fugis. Iuppiter est pater, per mē patet, quod est quodque fuit quodque erit …* (Z. 4–6). Dass Apoll ein Gott ist, ist zwar ein Faktum; allerdings wirkt es in dieser Aussage recht angeberisch. Besonders das Prahlen mit seinem Vater ist unangenehm, weil dies nicht sein Verdienst ist.

4. In Zeile 14 wünscht sich Daphne den Tod oder in Zeile 15 eine Entstellung ihrer hübschen Gestalt durch Verwandlung. Ihr Wunsch geht nur zum Teil in Erfüllung. Sie bleibt am Leben, allerdings als Baum. Die Entstellung gelingt nicht, da sie zwar starr wird, doch vor allem ihr Glanz erhalten bleibt Z. 17: *Nitor virginis manet*. Sie wird unzufrieden sein, weil Apoll sie immer noch begehrt.

Übungen

1. a) crescere: wachsen – augere: vermehren – **precari**: bitten – complere: anfüllen

b) scire: wissen – sequi: **folgen** – quaerere: fragen – petere: bitten

c) salus: Rettung – timor: Furcht – spes: Hoffnung – **coniunx**: Ehefrau

2. a) Natur: Tiere und Pflanzen   canis – lepus – praeda – nympha – frons – ramus – arbor

b) Auf der Flucht

c) Liebe:

```
        ( Flucht: fuga )              placere      forma: vestes / capilli / corpus / nudare
praeda                    hostis                   \        /
 |                                               ( amor/amare )
timor                                            /    |       \
precari  fugere – celer – cursus / currere  sequi  complexus / oscula dare   orare / blanditiae
```

3. a) occupation: occupare, beschäftigen → Beschäftigung | b) question: quaerere, fragen → Frage | c) prey: praeda, Beute → Beute | d) to augment: augere, vermehren → vermehren | e) scientist: scire, wissen → Wissenschaftler | f) to sustain: sustinere, aushalten → aufrechterhalten

4. Aufgrund ihrer Schönheit gewinnt Daphne die Liebe des Gottes Apoll. Jene wies die göttliche Zuneigung zurück und suchte das Weite; Apoll hat sie verfolgt. Doch ihr Vater, ein Flussgott, rettet sie aus der Gefahr: Die Tochter verwandelt sich in eine Pflanze.

5. kaum, weil, genug, deswegen, nur, weil, allzu sehr, aber, dennoch, schon oft, so auch jetzt

6. mors, mori, mortuus, a, um – timor, timere, timidus, a, um – reliquiae, relinquere, reliquus, a, um – vita, vivere, vivus, a, um – terror, terrere, territus, a, um

7. a) *Publius Ovidius* (Subjekt) *multas fabulas* (Akk.-Objekt) *narrat* (Prädikat).
Publius Ovidius erzählt viele Geschichten.

b) *In fabulis* (adv. Best.) *de amore deorum* (adv. Best.) *narratur* (Prädikat, inklusive Subjekt).
In den Geschichten wird von der Liebe der Götter erzählt.

c) *Saepe* (adv. Best.) *deus* (Subjekt) *feminam mortalem* (Akk.-Objekt) *amat* (Prädikat).
Oft liebt ein Gott eine sterbliche Frau.

d) *Non semper* (adv. Best.) *deus* (Subjekt) *a femina* (adv. Best.) *amatur* (Prädikat).
Nicht immer wird der Gott von der Frau geliebt.

e) *Feminae* (Subjekt) *etiam* (adv. Best.) *praeda dei dici possunt* (Prädikat).
Die Frauen können auch als die Beute des Gottes bezeichnet werden.

f) *Sic* (adv. Best.) *dei* (Subjekt) *mortales* (Akk.-Objekt) *aut delectant aut perdunt* (Prädikat).
So erfreuen die Götter die Sterblichen entweder oder richten sie zugrunde.

8. a) *In fabulis* **ab Ovidio narratis** *corpora mutantur.* In den von Ovid erzählten Geschichten verwandeln sich Gestalten.

b) *Dei homines* **auxilium precantes** *audiunt.* Götter erhören Menschen, wenn sie um Hilfe bitten.

c) **Timore sumpto** *Europa taurum ascendit.* Europa besteigt den Stier, weil ihr die Furcht genommen worden ist.

d) *Pater Daphni* **salutem petenti** *adest.* Der Daphne hilft ihr Vater, weil sie ihn um Rettung bittet.

e) *Pyramus et Thisbe* **parentibus nescientibus** *fugiunt.* Pyramus und Thisbe fliehen ohne Wissen ihrer Eltern.

9. Zwei Freunde diskutieren: **Dieser** gibt Apollo Recht, **jenen** erfüllt Daphne mit Mitleid: »**Sie** sollte **ihm** dankbar sein, dass **er sie** liebt. Die Absichten **dieses Mannes** sind doch ehrenwert, die Angst **dieser Frau** unbegründet. Ich bin von **ihm** überzeugt, von **ihr** enttäuscht. Typisch Frauen! **Deren** Gefühle kann **er** nicht verstehen!«

10. spem: *Akk. Sg. f.* → illam; capillis: *Dat./Abl. Pl. m.* → his; arbores: *Akk. Pl. f.* → has; corpora: *Nom./Akk. Pl. n.* → illa; ventorum: *Gen. Pl. m.* → illorum

11. ego sequor: *ich folge* – tu sequeris: *du folgst* – ille sequitur: *jener folgt* – nos sequimur: *wir folgen* – vos sequimini: *ihr folgt* – illi sequuntur: *jene folgen*

12. a) occupatur: Präsens, kein Deponens, *er/sie/es wird besetzt* – moritur: Präsens, Deponens, *er/sie/es stirbt* – intuetur: Präsens, Deponens, *er/sie/es sieht an* – perditur: Präsens, kein Deponens, *er/sie/es wird vernichtet*

   b) precantur: Präsens, Deponens, *sie bitten* – laudantur: Präsens, kein Deponens, *sie werden gelobt* – sequuntur: Präsens, Deponens, *sie folgen*

   c) accepti sunt: Perfekt, kein Deponens, *sie sind aufgenommen worden* – mortui sunt: Perfekt, Deponens, *sie sind gestorben* – complecti sunt: Perfekt, Deponens, *sie haben umarmt*

   d) moriebaris: Imperfekt, Deponens, *du starbst* – servabaris: Imperfekt, kein Deponens, *du wurdest gerettet* – sumebaris: Imperfekt, kein Deponens, *du wurdest genommen*

   e) ad-ducta eram: Plusquamperfekt, kein Deponens, *ich war herangeführt worden* – complexa eram: Plqpf., Deponens, *ich hatte umarmt* – secuta eram: Plqpf., Deponens, *ich war gefolgt*

13. moratur: Deponens, *er/sie/es hält sich auf* – surrepta est: *sie ist entwendet worden* – rati sumus: Deponens, *wir meinten* – damnabatur: *er/sie/es wurde verurteilt* – proficiscebantur: Deponens, *sie brachen auf*

14. Am Tag ihrer Hochzeit fiel Eurydike tot um, während sie durchs Gras ging, nachdem eine Schlange in ihren Knöchel gebissen hatte. Orpheus wagte es, in die Unterwelt hinabzusteigen und rührte mit seinem Gesang die Götter. Zusammen mit Eurydike stieg er zum Licht auf. Doch die Götter hatten verboten: »Wende deine Augen nicht zu deiner Frau!« Orpheus suchte, weil er von Sorge bewegt worden ist, seine Frau. Siehe! Sie ist zu den Schatten zurückgezogen worden.

15. moti erant: 3. Pers. Pl. Ind. Plqmpf. Pass. von *movere* – vinceret: 3. Pers. Sg. Konj. Imperf. Akt. von *vincere* – augebar: 1. Pers. Sg. Ind. Imperf. Pass. von *augere* – secuta sis: 2. Pers. Sg. Konj. Perf. von *sequi*

16. deorum: Gen. Pl. von *deus* – rebus: Dat./Abl. Pl. von *res* – vi: Abl. Sg. von *vis* – viri: Gen. Sg./Nom. Pl. von *vir* – spem: Akk. Sg. von *spes* – regum: Gen. Pl. von *rex*

Lektion 19

Lektionstext

Es folgt eine Katastrophe – ob durch Zufall oder eine List des Kaisers ist ungewiss –, jedoch heftiger und schlimmer als alles, was dieser Stadt durch die Gewalt von Feuer widerfahren ist.

Ein Brand ist in dem Stadtteil ausgebrochen, der den Hügeln Palatin und Caelius am nächsten ist. Das Feuer nahm seinen Anfang in den Geschäften, in denen Flammen Nahrung gegeben wird, dann ergriff es andere Stadtviertel zur Vernichtung – schnell durch Wind und eng gewundene Wege, wie das alte Rom war.

Zu dieser Zeit ist Nero nicht in die Stadt zurückgekehrt, bevor das Feuer zu seinem Haus gekommen war. Sofort fasste er den Beschluss, den Menschen zu helfen: Den Flüchtlingen öffnete er das Marsfeld, die Bauten des Agrippa und sogar seine eigenen Gärten, ließ Häuser erbauen, um mittellose Bürger aufzunehmen und verringerte den Getreidepreis.

Aber auch durch das Geben verringerte sich nicht das Gerücht, dass man glaubte, der Brand sei auf Befehl gelegt worden.

Denn das Gerücht hatte sich verbreitet, dass genau zum Zeitpunkt des Stadtbrandes Nero das Ende Trojas besungen habe. Im Übrigen schien Nero den Ruhm, eine neue Stadt zu gründen, zu suchen – und er verwandte die Trümmer seiner Heimat, um ein neues Haus für sich zu erbauen.

Daher klagte Nero, um das Gerede zu zerstreuen, die Christen an. Zuerst sind freilich diejenigen ergriffen worden, die gestanden, dann ist aufgrund ihrer Anzeige eine riesige Menge nicht wegen des Brandes, sondern wegen des Hasses auf das Menschengeschlecht verurteilt worden: Nachdem sie auf Kreuze genagelt worden waren, wurden sie verbrannt, um die Nacht zu erleuchten.

Einführungssätze

Feuer war für viele Menschen der Grund zu flüchten.
Sie flüchteten schnell, um ihr Leben zu retten.
Durch Flüchten konnten sie ihr eigenes Leben retten.
Aber beim Flüchten verloren sie oft ihre Familie.

Aufgaben zum Lektionstext

1. Z. 1–2: Einleitung/Ankündigung einer großen Katastrophe
   Z. 3–6: Ausbruch und Ausbreitung des Feuers
   Z. 7–11: Hilfeleistungen Neros für die Brandopfer
   Z. 12–15: Gerüchte über Nero als Brandstifter
   Z. 16–19: Verhaftung und Verbrennen der Christen als Schuldige

2. Sachfeld Feuer/Zerstörung: clades, vim ignium, incendium, ignis. flamma alitur, ad populandum cepit, ardentis urbis, Troiae finem, patriae ruinis, haud incendii convicta est, ad noctem illuminandam urebantur. (Perspektive der Opfer: fugientibus, cives inopes)

3. Nero stellt nach seiner Rückkehr nach Rom sofort Unterkünfte bereit und öffnet zu diesem Zweck öffentliche wie private, auch eigene Gebäude (*campum ... aperuit*, Z. 9). Sofort lässt er neue Häuser bauen (*domos aedificavit*, Z. 10), damit die Menschen möglichst bald wieder gemauerte Unterkünfte beziehen können. Da der Brand Nahrungsmittelvorräte vernichtet hat, lässt er den Preis für Nahrungsmittel senken (*pretium frumenti diminuit*, Z. 10 f.). Damit lässt er erkennen, wie wichtig ihm das Wohl gerade der ärmeren Bürger ist, selbst wenn er persönliche Einbußen hinnehmen muss.

4. Vordergründig erzählt Tacitus als neutraler Geschichtsschreiber von den Ereignissen: Er berichtet, was geschehen ist und wie Nero hilfreiche Beschlüsse fasst, um der Bevölkerung zu helfen.
   Der Schwerpunkt seiner Darstellung liegt jedoch auf der Wiedergabe der Gerüchte, Nero sei der Brandstifter gewesen. Dadurch, dass dieses Thema relativ viel Raum einnimmt und Tacitus diese Gerüchte zwar als solche benennt, aber eben nicht widerlegt, wird dem Leser diese Sichtweise nahegelegt: Tacitus behauptet natürlich nicht, dass Nero der Urheber des Brandes sei, legt aber in seiner Anspielung ganz zu Beginn des Berichts schon die Vermutung nahe (Z. 1: *forte an dolō prīncipis incertum est*). Sprachlich legt er sich auch im Folgenden nicht fest, sondern zitiert nur Gerüchte *(fama, rumor)* oder Vermutungen nach Neros möglichen Motiven *(videbatur)*. Dass Nero nach Tacitus' Darstellung aus Furcht vor den Gerüchten einen anderen Schuldigen sucht und deshalb die Christen verhaften und ermorden lässt, macht die Gerüchte umso glaubwürdiger und zeigt zudem Neros Grausamkeit.

5. Nero ist beim Ausbruch der Katastrophe nicht in Rom anwesend, kommt aber, um persönlich Maßnahmen zu ergreifen, was zeigt, wie wichtig es ihm ist, die Kontrolle zu behalten. Er stellt Wohnraum bereit und subventioniert den Getreidepreis, um die Not für den Moment zu lindern. Nach dem Brand erlässt er sinnvolle Brandschutzvorschriften (Beschränkung der Gebäudehöhe) und lässt breite Straßen bauen (s. Sachtext S. 105).
   Die Christen als Schuldige zu bezeichnen, mag dem Rachedurst der Masse entgegenkommen. Tacitus selbst stellt fest, dass sich die Flammen aus den Werkstätten heraus entwickelt hätten. Demnach ist also nicht von Brandstiftung auszugehen; die Christen dürften unschuldig sein. Aber Nero scheint nicht zu versuchen, rationale Argumente zu suchen, sondern durch Präsentation von Sündenböcken die gegen ihn gestreuten Gerüchte zunichte zu machen.
   Sicherlich ist unglücklich, dass er nach dem Brand nicht die vorherige Bausubstanz restaurieren lässt, sondern ein einziges Haus für sich bauen lässt. Das scheint vor allem die Quelle des Geredes zu sein. Insofern sind seine Maßnahmen gegen den Brand selbst hilfreich, sein Bauprojekt ist aber eindeutig unbeholfen bzw. destruktiv für seine Herrschaft.

Übungen

1. novus: neu – vetus | negare: leugnen – dicere | occidere: töten – oriri | aedificare: bauen – populari | amor: Liebe – odium | parva manus: kleine Schar – multitudo

2. z. B.: ignis, incendium, incendere, populari, urere, aqua, causa, laedere, ventus, praeda, salus, timor, mori, flere, terror, perire, perdere, spes, vis

3. quidam dicunt: einige sagen – in quadam urbis parte: in einem gewissen Teil der Stadt – quodam tempore: zu einer gewissen Zeit – causa illius doli: Ursache jener List – hanc famam audire: dieses Gerücht hören – hoc incendium: dieser Brand – illa incendia: jene Brände

4. a) l'incendie: incendium, der Brand – b) vieux/vieille: vetus, alt – c) le prix: pretium, Preis – d) le temps: tempus, Zeit – e) accuser: accusare, anklagen – f) odieux/odieuse: odium → odiosus, verhasst

5. a) tempus (Zeit) → zeitweise – b) honos (Ehre), causa (wegen) → Gelehrter ehrenhalber – c) cantare (singen) → gesungenes Stück – d) regredi (zurückgehen) → zurückgehende Wirtschaftskraft – e) primus (der erste) → vorrangig – f) indicium (Anzeichen) → Hinweis in der Beweisführung vor Gericht – g) pretiosus (wertvoll) → wertvolle Stücke – h) urbs (Stadt) → städtisch

6. ars aedificandi: Kunst zu bauen, Baukunst – consilium fugiendi: Plan zu fliehen, Fluchtplan – tempus laborandi: Zeit zu arbeiten, Arbeitszeit – causa accusandi: Grund anzuklagen, Anklagegrund

7. Die Feuerwehr ist
   - zum Helfen angetrieben worden.
   - gerufen worden, um die Stadt zu retten.
   - geschickt worden, um das Feuer zu bezwingen.

8. - durch Weglaufen dem Feuer entkommen; dadurch, dass man wegläuft, dem Feuer entkommen
   - durch Nahrung geben das Feuer anfachen; das Feuer dadurch, dass man ihm Nahrung gibt, anfachen
   - beim Zurückgehen den Menschen helfen; den Menschen helfen, während man zurückgeht
   - durch Anklagen der Christen den guten Ruf retten; dadurch, dass man die Christen anklagt, den guten Ruf retten
   - durch Gestehen das Leben retten; dadurch, dass man ein Geständnis ablegt, das Leben retten

9. Nero suchte Ruhm beim Bau einer neuen Stadt. Um seinen Ruf zu retten, klagte er die Christen der Brandstiftung an. Durch das Anklagen der Christen konnter er dennoch seinen Ruf nicht retten.

10.

Positiv	Komparativ	Superlativ
ingens (riesig)	ingentior	ingentissimus
facilis (leicht)	facilior	facillimus
iratus (zornig)	iratior	iratissimus
celer (schnell)	celerior	celerrimus
forte (stark)	fortius	fortissime (Adv.)

11. ein Feuer, heftiger als alle – die Gewalt des heftigsten Brandes – der Teil der Stadt, der den Hügeln am nächsten lag – ein äußerst schönes Haus bauen – eine Menge, größer als andere – eine höchst ungerechte Anklage – durch Weisheit die Menschen weiser machen

12. der Brand
   … der entstanden ist.
   … dessen Gewalt viele Häuser niedergebrannt hat
   … vor dem die Menschen zurückwichen
   … den die Christen nicht gelegt haben
   … durch den ein großer Teil der Stadt in Asche gelegt worden ist

13. a) cedebant: Imperfekt: sie wichen – cessistis: Perfekt: ihr seid zurückgewichen – cedat: Konjunktiv Präsens: er/sie/es weicht zurück
    b) cupiveramus: Plusquamperfekt: wir hatten gewünscht – cupias: Konjunktiv Präsens: du wünschst – cuperet: Konjunktiv Imperfekt: er/sie/es wünschte
    c) acceperis: Konjunktiv Perfekt: du hast angenommen – accepi: Perfekt: ich habe erhalten – **acceptae** sunt: Perfekt Passiv: sie sind angenommen worden
    d) **effectum** est: Perfekt Passiv: es ist bewirkt worden – efficeretur: Konjunktiv Imperfekt Passiv: er/sie/es wurde bewirkt – efficiamus: Konjunktiv Präsens: wir bewirken

14. potitur: er/sie/es bemächtigt sich (Dep.) – migramus: wir wandern – moramur: wir halten uns auf (Dep.) – desideratur: er wird vermisst – reversus est: er ist zurückgekehrt (Dep.) – ratus est: er meinte (Dep.)

15. Neros Mutter war grausam. Ihren Ehemann tötete sie mit Gift, um ihren eigenen Sohn zum Kaiser zu machen. Es steht fest, dass Nero die Vorschriften seiner Mutter missachtet hat. Er bereitete den Tod der Frau dadurch vor, dass er ein Schiff erbauen ließ. In den Flutwellen des Sees brach das Schiff auseinander. Agrippina rettete jedoch schwimmend ihr Leben.

16. coeperunt: 3. Pers. Pl. Ind. Perf. Akt.: sie haben angefangen – capti essent: 3. Pers. Pl. Konj. Plqmpf. Pass.: sie waren gefangen worden – faterer: 1. Pers. Sg. Konj. Imperf.: ich gestand – accusabamini: 2. Pers. Pl. Ind. Imperf. Pass.: ihr wurdet angeklagt – manserat: 3. Pers. Sg. Ind. Plqmpf. Akt.: er war geblieben – cedebam: 1. Pers. Sg. Ind. Impf. Akt.: ich wich

17. meliorem: Akk. Sg. m./f. des Komparativs von bonus, a, um – incendio: Dat./Abl. Sg. n. von incendium – ignes: Nom./Akk. Pl. m. von ignis – usus: Nom. Sg./Pl., Gen. Sg., Akk. Pl. von usus

Lektion 20

Lektionstext

Einer von den Hauptmännern ist zu Seneca geschickt worden, um Neros Befehl zu verkünden. Seneca forderte unerschrocken Schreibtafeln seines Testaments; und während der Hauptmann dies verweigerte, sagte er, zu seinen Freunden gewandt, etwa diese Worte: »Jetzt muss ich sterben. Wenn ich euch auch nicht danken kann, werde ich euch dennoch auch dieses eine Wunderschöne zurücklassen: das Bild meines Lebens, das ihr immer in Erinnerung behalten sollt.

Doch man darf nicht weinen, haltet eure Tränen zurück! Wo sind die Vorschriften der Philosophie, wo die Mühen so vieler Jahre? Wer kennt Neros Grausamkeit nicht? Nach der Ermordung von Mutter und Bruder muss er jetzt seinen Erzieher ermorden.«

Sobald er dies und solches erörtert hatte, umarmte er seine Frau Paulina und bat sie inständig, ihren Schmerz zu mäßigen. Doch jene forderte auch für sich den Tod. Da sagte Seneca: »Alle müssen deine Tugend preisen! Dein Tod ist berühmter als meiner.« Dann öffneten Seneca und seine Ehefrau mit einem Schwert ihre Arme mit einem gleichzeitigen Hieb.

Weil Seneca schon ein alter Mann war und sein Blut kaum herausfloss, mussten auch seine Adern an den Beinen geöffnet werden. Erschöpft durch wilde Qualen, berschloss er, dass seine Frau in ein anderes Zimmer gebracht werden müsse, damit er nicht durch seinen eigenen Schmerz die Einstellung seiner Frau breche und auch nicht er selbst durch den Schmerz seiner Frau gebrochen werde.

Dann sagte Seneca: »Ich kann den Schmerz nicht mehr ertragen. Ich muss Gift trinken.«

Doch er trank es vergebens – zuletzt ging er ins Bad, wo er endlich starb.

Einführungssätze

Nero befahl, dass Seneca getötet werde.

Daher muss Seneca getötet werden.

Ein Zenturio sagte zu Seneca: »Jetzt musst du sterben.«

Aufgaben zum Lektionstext

1. 1. Absatz: Ein Zenturio übermittelt Seneca Neros Befehl zum Selbstmord. Weil es Seneca nicht erlaubt wird, ein Testament anzufertigen, will er seinen Freunden ein Abbild seines Lebens vermachen.

   2. Absatz: Seneca fordert seine Freunde auf, unter Bezug auf die philosophischen Standpunkte der Stoa nicht traurig zu sein.

   3. Absatz: Seneca umarmt seine Frau und will sich von ihr verabschieden; die aber beschließt, zugleich Selbstmord zu begehen. Seneca lobt ihre Tugend. Um zu sterben, öffnen sie die Adern in ihren Armen.

   4. Absatz: Weil aus Senecas alten Adern zu wenig Blut austritt, öffnet er auch die in den Beinen. Dies verursacht große Schmerzen, die er seiner Frau nicht zumuten will. Zugleich will er auch nicht durch das Leid seiner Frau zum Wanken gebracht werden. Sie wird in ein anderes Zimmer gebracht.

   5. Absatz: Gegen die Schmerzen trinkt Seneca zunächst erfolglos Gift; dann lässt er sich ins Bad bringen, um dort zu sterben.

2. Z. 1–3: Perfekt, Hintergrundhandlung
   Z. 4–9: Präsens, direkte Rede des Seneca
   Z. 10–11: Übergang vom Perfekt zum historischen Präsens (complectitur … rogat oratque), um das inständige Bitten seiner Frau gegenüber zu verdeutlichen)
   Z. 12: Einleitung der direkten Rede im Perfekt
   Z. 12 f.: Senecas direkte Rede im Präsens
   Z. 13: historisches Präsens beim ergreifenden Öffnen der Adern
   Z. 14–18: Perfekt, Imperfekt in der Darstellung der Hintergrundhandlung
   Z. 18 f.: Präsens in der wörtlichen Rede Senecas
   Z. 19–20: Perfekt, Abschluss der Handlung

3. Für einen Stoiker haben wertvolle Geschenke wie Schmuck oder Geld keine Bedeutung; ihnen liegt die ethische Perfektion am Herzen, also die Bereitschaft den Lehren der stoischen Philosophie zu folgen. Die Leidenschaftslosigkeit und Unerschütterlichkeit darf sich für sie nicht nur in der Theorie zeigen, sondern im Alltag. Auch vor dem Eintritt des Todes durfte es keine leidenschaftliche Trauer geben. Der Nachwelt sollte ein Abbild des Versterbenden in Erinnerung bleiben, das des Stoikers würdig war.

4. **Ataraxie:** Unerschütterlichkeit Senecas gegenüber dem Tod und Schmerz: *ut temperaret dolori*
   ratio: Dass Nero Seneca töten lassen wird, ist nur logisch: *quis ignorat … occidendus est*
   Bereitschaft zum Selbstmord: *bracchia ferro ex-solvunt; Venenum mihi bibendum est*
   Apatheia: Leidenschaftslosigkeit: *Sed flendum non est, re-tinete lacrimas; ne dolore suo animum uxoris frangeret neque ipse dolore uxoris frangeretur.*

Übungen

1. Gift trinken – den Schmerz zuletzt mäßigen – das Abbild der Frau anschauen – durch Schläge gebrochen sein – trotz wilden Schmerzes unerschrocken sein

2. die Vorschriften der *Philosophie* beachten – Nutze deine *Weisheit!* – Die *Vernunft* ist die Führerin des Lebens. – Nur durch *Klugheit* gelangt man zum Glück.

3. unus ex centurionibus

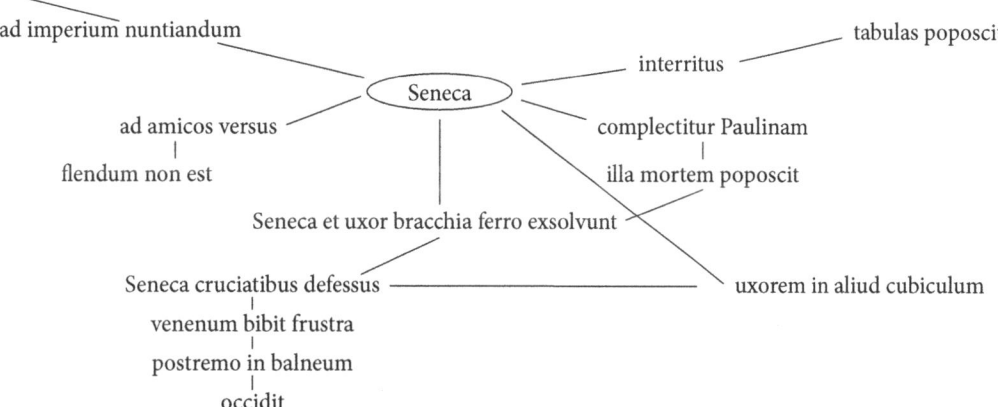

4.

a) Gefühle	b) Sprechen	c) Zeit
interritus	ad nuntiandum	semper
gratiam referre	poposcit	studia tot annorum
flendum non est	negante	iam senex
re-tinete lacrimas	locutus est	postremo
complectitur	disseruit	
temperaret dolori	rogat oratque	
dolore suo animum	dixit	
dolorem ferre		

5. a) nunc: jetzt – postremo: zuletzt – tandem: endlich – diu: lange; Gemeinsamkeit: temporale Adverbien
   b) tot: so viele – unus: ein einziger – talis: solch ein – alius: ein anderer; Gemeinsamkeit: Mengenangaben
   c) idem: derselbe – hic: dieser – ipse: selbst – quis: wer; Gemeinsamkeit: Pronomina
   d) frustra: vergeblich – fere: fast – tamen: dennoch – autem: aber; Gemeinsamkeit: Einschränkungen

6. Neros Mutter (mater) benutzte Gift, um ihren Ehemann zu töten. Nero war niemals gemäßigt (temperatus). Er folgte nicht den Vorschriften (praeceptum) seines Lehrers Seneca. Obwohl sie von Klugheit (sapientia) und Tugend (virtus) erfüllt waren, wurden sie missachtet (ignorare)!

7. Ein Brand muss gemeldet werden. – Häuser müssen geöffnet werden. – Menschen müssen gerettet werden. – Feuerwehrleute müssen schnell kommen. – Die Feuerwehrleute müssen Wasser herbeitragen. – Die Feuerwehrleute müssen das Feuer besiegen.

8. Du musst dein Leben klug verbringen! – Du must deinen guten Ruf bewahren! – Die Bürger müssen mit Vernunft geleitet werden! – Die Freiheit des Staates muss geschützt werden! – Verbrechen musst du meiden! – Meinen Vorschriften musst du gehorchen.

9. Saepe (Adv.) Seneca (Subj.) Neronem (Obj.) monet (Präd.). Oft mahnt Seneca Nero.
   Praecepta (Subj.) autem (Adv.) Neronem (Obj.) non movent (Präd.). Doch die Vorschriften rühren Nero nicht.
   Tandem (Adv.) philosophus (Subj.) spem (Obj.) amittit (Präd.). Schlichßlich verliert der Philosoph die Hoffnung.
   Seneca (Subj.) se (Obj.) recipit (Präd). Seneca zieht sich zurück.
   Patienter (Adv.) mortem (Obj.) exspectat (Präd). Geduldig erwartet er seinen Tod.

10. Die Römer fürchteten Nero,
    – weil er einen wilden Geist an den Tag legte (PC, GZ)
    – weil sie einen freien Staat wünschten (PC, GZ)
    – nachdem ein Großteil der Stadt eingeäschert war (Abl. abs., VZ)
    – nachdem seine Mutter grausam ermordet worden war (Abl. abs., VZ)
    – weil viele Freunde schon tot waren (Abl. abs., GZ)

11. Wir loben die Tugend. Die Tugend wird gelobt.

Wir trinken gute Weine. Gute Weine werden getrunken.

Philosophen ertragen Schmerz. Schmerz wird von Philosophen ertragen.

Unterschiede: Im Passiv wird das Objekt der Handlung zum Subjekt; der Handlungsträger muss nicht immer angegeben werden.

12. Tugend muss gelobt werden. Man muss Tugend loben.

Zu viel Wein darf nicht getrunken werden. Man darf nicht zu viel Wein trinken.

Schmerz muss von Philosophen ertragen werden. Philosophen müssen Schmerz ertragen.

13. Seneca lehrt, dass der Tod kein Unheil sei. Der letzte Tag wird alle Übel beenden. Wir müssen uns Mühe geben, dem Tod nicht Widerstand zu leisten. Denn: »Gut zu sterben bedeutet gerne zu sterben.« Wir müssen eher auf den Tod als auf das Leben vorbereitet werden. Seneca selbst nahm erfüllt und ohne Traurigkeit den Tod an.

14. a) cum: 1. mit Abl.: mit, 2. als Nebensatzeinleitung: als, weil, obwohl, während – b) ubi: 1. als Frage: wo?, 2. als Nebensatzeinleitung: sobald – c) quis: 1. als Frage: wer, 2. verkürztes aliquis nach si, nisi, ne, num: irgendein

15. flevissent: 3. Pers. Pl. Konj. Plqmpf. Akt.: sie hatten geweint – negaverit: 3. Pers. Sg. Konj. Perf./Fut. II Akt.: er/sie/es hat geleugnet – fracta est: 3. Pers. Sg. Ind. Perf. Pass.: sie ist gebrochen worden – bibamus: 1. Pers. Pl. Konj. Präs. Akt.: wir trinken – crediderat: 3. Pers. Sg. Ind. Plqumpf. Akt.: er/sie/es hatte geglaubt – duceremini: 2. Pers. Pl. Konj. Imperf. Pass.: ihr wurdet geführt – locutus erat: 3. Pers. Sg. Ind. Plqmpf.: er hatte gesagt

Lektion 21

Lektionstext

Gott schickte seinen Engel. Jener sagte: »Ich folgte dir stets von deiner Geburt an, wohin auch immer du gegangen bist; und niemals wolltest du meine Empfehlungen anhören. Dennoch wird dir Gottes Erbarmen nicht fehlen. Folge mir also und du wirst alles, was ich dir zeigen werde, in Erinnerung behalten, weil du zu deinem Leib zurückkehren wirst.«

Also führte er Tnugdalus' Seele zu einem äußerst wilden, dunklen Tal voll von brennender Kohle. Der Engel erklärte: »In dieses Tal werden Mörder kommen. Jene Unglücklichen werden hier verbrannt werden. Dann werden sie erneuert werden und werden immer wieder dieselbe Qual erleiden«.

Während sie gingen, sahen sie einen ungeheuer großen See. Eine Menge wilder Tiere war in ihm, die forderten, die Seelen zu verschlingen. Auf der anderen Seite des Sees war eine äußerst enge und lange Brücke. Der Engel sagte: »Du siehst diese Brücke da. Sie ist beschlagen mit äußerst spitzen Nägeln aus Eisen, die die Füße aller verletzen werden, die hinübergehen. Und die wilden Tiere werden bei der Brücke zusammenkommen, um von dort ihr Futter zu nehmen. Dies wird die Strafe der Diebe sein. Auch du wirst diese Brücke überqueren müssen, und du wirst ein ungezähmtes Rind mit dir führen, weil du ja ein Rind geraubt hast.« Also ging seine Seele mit riesigem Schmerz über die Brücke. Der Engel sagte: »Du wirst die Schmerzen in Erinnerung behalten und wirst niemals einen weiteren Diebstahl begehen.«

Einführungssätze

Morgen werde ich meinen Freund sehen. Morgen wird mein Freund da sein.

Niemals wolltest du meine Empfehlungen anhören.

Aufgaben zum Lektionstext

1. 1. Abschnitt: Obwohl Tnugdalus bisher den Empfehlungen des Engels nicht gefolgt ist, gibt ihm Gott eine Gelegenheit zur Umkehr und lässt ihn die Zukunft erkennen.

2. Abschnitt: Der Engel führt Tnugdalus in die Hölle.

3. Abschnitt: In der Hölle führt eine schmale Brücke über einen See, in dem Ungeheuer die Seelen zu verschlingen verlangen. Tnugdalus wird wegen eines früheren Rinderdiebstahls ein Rind über die enge Brücke führen und sich dabei verletzen müssen.

4. Abschnitt: In Erinnerung an die hierbei erlittenen Schmerzen wird Tnugdalus keinen weiteren Diebstahl begehen.

2. Ein Engel sucht Tnugdalus auf, um seine Seele zu retten. Tnugdalus hat ein Rind geraubt, weswegen er in der Hölle in Begleitung eines Rindes über eine Brücke wird gehen und sich verletzen müssen. Unterhalb der Brücke warten bereits Ungeheuer darauf, seine Seele zu verschlingen. Aufgrund seiner Kenntnisse über die Schmerzen, die er bereits aufgrund des ersten Viehdiebstahls erleiden wird, wird Tnugdalus keinen weiteren Diebstahl begehen.

3. 1. Abschnitt: Hintergrundhandlung im Perfekt *(misit, dixit)*; Imperfekt für die fortwährende Begleitung durch den Engel. Futur I für die Aussicht auf die gemeinsamen Erlebnisse in der Hölle.

   2. Abschnitt: Perfekt für die Handlung *(duxit, explicavit)*; Futur I für die kommenden Handlungen in der Unterwelt *(venient, cremabuntur, renovabuntur, patientur)*.

   3. Abschnitt: Perfekt für die Handlung *(viderunt)*, Imperfekt für die Beschreibung der Zustände *(inerat, poscebant, erat)*, Futur I für die Aussicht auf die kommenden Ereignisse *(laedent, convenient, erit, debebis, duces)*.

   4. Abschnitt: Perfekt für die Erlebnisse in der Unterwelt *(transiit)*, Futur I für den Ausblick auf das weitere Leben des Ritters *(memoria tenebis dolores, facies)*.

4. Der Engel unterstützt Tnugdalus unablässig seit Jahren, auch wenn er die Ratschläge nicht befolgen will. Jetzt führt er ihn in die Unterwelt, damit er sieht, welches Schicksal und welche weiteren Schmerzen ihm drohen, wenn er mit seinem bisherigen Leben und mit Sünden wie Viehdiebstahl fortfährt. Nachdem der Ritter mit seinen eigenen Augen das drohende Verhängnis gesehen hat, wird er mit geläuterter Seele fortan in Einklang mit Gottes Geboten leben.

Übungen

1. Mitgefühl zeigen – eine enge Brücke überqueren – den Rat in Erinnerung behalten – eine Strafe erleiden – wilden Tieren Nahrung geben – ein Tal voller Seelen

2. *Die Aufgabe ist zweigeteilt: a) zu den (teilweise) unbekannten Wörtern bekannte Wörter derselben Wortfamilie finden – b) Bedeutungen der unbekannten Wörter erschließen*
   complere (anfüllen) – plenus, a, um (voll) | finire (beenden) – finis (Ende) | dolere (schmerzen) – dolor (Schmerz) | saevire (wüten) – saevus, a, um (schrecklich) | misereri (Mitleid haben) – misericordia (Mitleid)

3. a) consilium, denn es ist kein Ort, den Menschen aufsuchen oder über den sie gehen können – b) anima, denn die Seele ist kein Tier – c) memoria, denn es hat nichts mit Bestrafen oder Büßen zu tun – d) iterum, denn es ist eine adverbielle Bestimmung

4. a) Monstranz: monstrare (zeigen) – Krematorium: cremare (verbrennen) – Pontifex: pontem (Brücke) + facere (machen) → eine Brücke bauen | b) Patient: pati (erleiden) – Läsion: laedere (verletzen) – re-animieren: re + animare (wieder mit einer Seele versehen, wiederbeleben) | c) Bestiarium: bestia (wildes Tier) – Animation: anima (Leben) – Video: videre (sehen)

5. ich werde verletzen – du wirst schicken – sie werden gehen – er/sie/es wird verbrennen – er/sie/es wird enthalten sein – er/sie/es wird folgen

6. laedam: laedere, kons. Konj. – sequeris: sequi, kons. Konj. – facies: facere, kons. Konj. – dicet: dicere, kons. Konj. – erit: esse

7.

b) cremant	a-Konj.	crema-bu-nt	crema-bu-ntur
c) amas	a-Konj.	ama-bi-s	ama-be-ris
d) teneo	e-Konj.	tene-bo	tene-bo-r
e) laedit	kons. Konj.	laed-e-t	laed-e-tur
f) audimus	i-Konj.	audi-e-mus	audi-e-mur
g) vincis	kons. / i-Konj.	vinc-e-s / vinci-e-s	vinc-e-ris / vinci-e-ris

8. Der Engel sprach zu Tnugdalus: »Du wirst über die Brücke gehen *(transibis)*. Du wirst für deinen Diebstahl bestraft werden/büßen *(dabis)*. Du wirst ein wildes Rind mit dir führen *(duces)*. Der Weg wird voller Gefahren sein *(erit)*. So wird deine Seele gerettet werden *(servabitur)*.«

9. voluimus: wir haben gewollt – vis: du willst – vultis: ihr wollt – vellem: ich wollte – velim: ich will –– volueras: du hattest gewollt

10. Tnugdalus: Heute will ich die Empfehlung des Engels anhören *(volo)*. Gestern wollte ich sie nicht hören *(volui)*. Doch zuvor hatte ich sie niemals hören wollen *(volueram)*. Morgen will ich ein besserer Mensch sein *(velim)*. Aber ich werde immer Gott gefallen wollen *(volam)*.

11. z. B.: mihi (→ Pronomen, Dat. von ego) – acrior (→ Komparativ von acer) – quae, quibus (→ Formen des Relativpronomens qui, quae, quod) – eo, eius, eorum, ei (→ Formen des Pronomens is, ea, id) – usus est (→ Form von uti) – Formen unregelmäßiger Verben (redibis → redire; transeuntium → transire) – eodem (→ Form von idem) – possum (→ Form von posse)

12. Was die Werkzeuge guter Taten sind – Wie viele Psalmen man sprechen soll – Zu welchen Zeiten Halleluja gesagt werden soll – Ob Mönche Privatbesitz haben sollen – Über die Kunst, Brüder aufzunehmen

13. Ein gewisser Soldat besaß einen Weinberg. Wie es Brauch war, wollte er den zehnten Teil seiner Ernte dem nächstgelegenen Kloster geben. In diesem Jahr aber war die Menge der Trauben ganz gering. Also gab er das einzige Fass Wein, das er gelesen hatte, den Mönchen. Doch am folgenden Tag war der Weinberg wieder voller Trauben. Auf diese Weise gab Gott der Frömmigkeit des Soldaten eine Belohnung.

14. possidebat: 3. Pers. Sg. Ind. Imperf. Akt., er/sie/es besaß – tenebatur: 3. Pers. Sg. Ind. Impf. Pass., er/sie/es wurde gehalten –

dixerat: 3. Pers. Sg. Ind. Plqmpf. Akt., er/sie/es hatte gesagt – ducti erant: 3. Pers. Pl. Ind. Plqmpf. Pass., sie waren geführt worden – daretis: 2. Pers. Pl. Konj. Impf. Akt., ihr gabt – daremini: 2. Pers. Pl. Konj. Imperf. Pass., ihr wurdet gegeben – invenies: 2. Pers. Sg. Fut. I Akt., du wirst finden – videberis: 2. Pers. Sg. Fut. I Pass., du wirst gesehen werden – audiat: 3. Pers. Sg. Konj. Präs. Akt., er/sie/es hört – aspiciatur: 3. Pers. Sg. Konj. Präs. Pass., er/sie/es wird angesehen

Lektion 22

Lektionstext

Zu dieser Zeit lebte nämlich ein riesiger Drache in einem Graben in der Nähe Roms. Einige Tage nach Konstantins Taufe kamen Boten zu diesem und sagten: »Kaiser, jener Drachen, der in dem Graben lebt, tötet mehr als 300 Menschen jeden Tag durch sein Feuer.«

Konstantin antwortete, nachdem er über diesen Drachen mit Silvester gesprochen hatte, dass er dies tun werde: »Ich werde bei Christi Tugend bewirken, dass jener aufhört.«

Die Boten sagten, dass sie an den einen Gott glauben *würden,* wenn er dies tue.

In seinem Gebet erschien aber der Heilige Geist Silvester und sagte: »Ohne Sorge geh zum Drachen, und wenn du zu ihm gekommen bist, sollst du dieses auf folgende Weise sagen: ›Unser Herr Jesus Christus wird hierher kommen, um die Lebenden und die Toten zu beurteilen. Du also, Satan, erwarte diesen in dieser Grube, bis er gekommen ist.‹ Das Maul jenes Drachen aber wirst du mit einem Faden zubinden/fesseln. Dann wirst du gesund zu mir kommen und das Brot, das ich für dich bereitet habe, erhalten.«

Daher geht Silvester in den Graben. Dann sagte er dem Drachen die zuvor gesagten Worte und band das Maul des Widerstand leistenden und kämpfenden Drachen, wie es ihm befohlen worden war, zusammen und fand bei seiner Rückkehr zwei Menschen, die ihm gefolgt waren, um zu sehen, ob er bis zum Drachen komme, die durch den Gestank des Drachen beinahe gestorben waren. Auch diese führte er mit sich aus dem Graben, die sofort mit einer riesigen Menge bekehrt worden sind, und so ist das Volk der Römer von zwei Gefahren erlöst worden: von der Furcht vor dem Teufel und dem Gift des Drachen.

Einführungssätze

Wenn der Freund gekommen ist, werde ich ihn morgen sehen.
Mein Freund wird zu mir kommen, um mit mir zu speisen.

Aufgaben zum Lektionstext

1. a) Kampf gegen den Drachen: draco ingens – igne suo interficit – os – vincire – resistentis et pugnantis
   b) Kampf um den Glauben: baptisma – per Christi virtutem – in unum deum credituros – oranti – dominus noster. Iesus Christus – iudicaturus – religio daemonis

2. 1. Absatz: Darstellung der Hintergrundhandlung im Perfekt: In der Nähe von Rom lebte ein Drache *(vixit),* Boten kamen zu Konstantin *(venerunt).* Die wörtliche Rede steht im Präsens, weil der Drache zu eben diesem Zeitpunkt die Menschen tötete *(interficit igne suo).*
   2. Absatz: Perfekt für die fortgeführte Handlung *(Constantinus respondit),* die wörtliche Rede steht im Futur I, da sie eine künftige Handlung beschreibt.
   3. Absatz: Praesens historicum *(dicunt),* betont die kommende Bekehrung zum Christentum.
   4. Absatz: Perfekt *(apparuit)* zur Fortführung der Handlung, wörtliche Rede im Futur I, da es um eine künftige Handlung geht.
   5. Absatz: Abschluss der Handlung im Perfekt.

3. Konstantin sieht die Möglichkeit, den Kampf gegen den Drachen als Gottesbeweis zu interpretieren, der nicht nur seinem eigenen Seelenheil zugutekäme, sondern auch der weiteren Ausbreitung des christlichen Glaubens und damit der Stabilisierung seiner Herrschaft. Dabei vermeidet er den Eindruck von Eitelkeit, da der Kampf im Namen des Glaubens geführt wird. Schafft er es nicht, den Anforderungen an seine Tatkraft (facere) als Herrscher gerecht zu werden, könnten Zweifel an seiner Eignung als Kaiser auftauchen.

4. Eine große Menschenmenge lässt sich unter dem Eindruck der Ereignisse tatsächlich taufen.

Übungen

1. einen Termin anberaumen – sofort hierher kommen – täglich erscheinen – mit dem Boten sprechen – einige Tage Widerstand leisten

2. hic: hier – huc: hierher – hic/haec/hoc: dieser/diese/dieses
   mecum: mir mir – secum: mit sich – tecum: mit dir
   dies: Tag – duos: zwei – dei: Götter – dedi: ich habe gegeben
   aliquot: einige – aliquando: einst – alius: ein anderer
   quem: den – quam: als – quidam: ein gewisser

3. iudex/iudicium → Richter | cottidianus/dies → täglich | sanitas/sanus → Gesundheit | nuntiare/nuntius → melden | ad-ventus/ad-venire → Ankunft | apparitio/apparere → Erscheinung

4. Französisch: cottidien: cottidianus, täglich – juge: iudex, Richter – résistance: resistere, Widerstand – venir: venire, kommen
   Italienisch: tempo: tempus, Zeit – più: plus, mehr – pane: panis, Brot – giudice: iudex, Richter
   Englisch: apparition: apparere, Erscheinung – day: dies, Tag – to resist: resistere, Widerstand leisten – colloquial: colloqui, sich unterhalten

5. Der Tag (*dies*, Nom. Sg.) war regnerisch. Es war einer von vielen Tagen (*dierum*, Gen. Pl.), die sie am Meer verbrachten. Er gab dem Tag (*diei*, Dat. Sg.) noch eine Chance. Hätte er den letzten Tag (*diem*, Akk. Sg.) oder die vergangenen Tage (*dies*, Akk. Pl.) doch genutzt! Dann hätte er zu diesem Termin (*in diem*, Akk. Sg.) besser surfen gelernt. Aber einige Tage (*diebus*, Abl. Pl.) später kam doch die Sonne und er dachte sich: »Nutze den Tag (*diem*, Akk. Sg.)!«

6. *eunt* (3. Pers. Pl. Ind. Präs) / *ibant* (3. Pers. Pl. Ind. Imperf.) / *ierunt* (3. Pers. Pl. Ind. Perf.): Die Bürger gehen/gingen immer wieder/gingen (einmal) auf den Marktplatz.
   ite (Imperativ Pl.) Vater sagte: »Geht auf den Marktplatz, Kinder!«
   ii (1. Pers. Sg. Ind. Perf. Akt.) / *ibam* (1. Pers. Sg. Ind. Imperf. Akt.): Der Sohn: Ich bin bereits / bin immer wieder zum Marktplatz gegangen.
   it (3. Pers. Sg. Ind. Präs. Akt.): Auch die Tocher geht zum Marktplatz, wenn sie es kann.
   ieritis (2. Pers. Pl. Fut. II Akt.), *ibo* (1. Pers. Sg. Fut. I Akt.): Vater: »Wenn ihr gegangen seid, werde auch ich gehen.«
   imus (1. Pers. Pl. Ind. Präs. Akt.): Sohn: »Wir gehen, bald werden wir hierher zurückkommen.«

7. a) restiterit: er wird Widerstand geleistet haben / er hat Widerstand geleistet
   b) fecerint: sie werden gemacht haben / sie haben gemacht
   c) apparuero: ich werde erschienen sein / ich bin erschienen
   d) invenerimus: wir werden gefunden haben / wir haben gefunden
   e) appellaveris: du wirst genannt haben / du hast genannt
   f) pugnaveritis: ihr werdet gekämpft haben / ihr habt gekämpft
   g) solverit: er wird gelöst haben / er hat gelöst

8.

Präsens	Perfekt-Stamm	Futur II
negat	negav-	negav-erit: er/sie/es hat geleugnet
incitant	incitav-	incitav-erint: sie haben angestachelt
venio	ven-	ven-ero: ich bin gekommen
respondes	respond-	respond-eris: du hast geantwortet
accipitis	accep-	accep-eritis: ihr habt angenommen
ducimus	dux-	dux-erimus: wir haben geführt

9. a) Constantinus ad fidem Christi <u>conversurus</u> erat. Konstantin war im Begriff, zum Glauben an Christus zu konvertieren.
   b) Itaque **Silvestrum** [imperatorem fidem **docturum**] vocavit. Daher rief er Silvester, der den Kaiser den Glauben lehren wollte.
   c) Silvester ad **imperatorem** [baptisma **quaerentem**] venit. Silvester kam zum Kaiser, weil der nach der Taufe fragte.

10. Ein Bote kam und sagte (GZ): Du musst den Drachen, der in einem Graben lebt (GZ), töten. Männer, die vom Drachen erschreckt worden sind (VZ), bitten um Hilfe. Silvester fesselt das Maul des Drachen, obwohl der sich mit großer Kraft widersetzt (GZ). Vom gefesselten Drachen (VZ) kann er nicht besiegt werden. Konstantin gibt Silvester bei seiner Rückkehr (GZ) Brot.

11. a) Constantinus [<u>se</u> Christianum <u>fore</u>] promisit (Kopfverb). Konstantin versprach, Christ zu werden.
    b) Dixit (Kopfverb) [<u>se</u> baptisma <u>accepturum esse</u>]. Er sagte, er werde die Taufe annehmen.
    c) Dixit (Kopfverb) [<u>se</u> in Deum <u>crediturum esse</u>]. Er sagte, er werde an Gott glauben.
    d) Dixit (Kopfverb) [<u>se</u> multas ecclesias <u>aedificaturum esse</u>]. Er sagte, er werde viele Kirchen errichten.

12. Christen glauben …
    – es gebe nur einen Gott (GZ).
    – die Welt sei von Gott erschaffen worden (VZ).
    – Jesus Christus habe den Tod besiegt (VZ).
    – Christus werde die Toten beurteilen (NZ).

13. Der Abt eines gewissen Klosters war todkrank. Einer der Mönche sagte: »Bald wird er sterben und die Ewigkeit genießen. Gewiss werden die Brüder mich zum neuen Abt wählen. Aber ich will bescheiden erscheinen. Daher werde ich einen anderen Bruder nennen, der gewiss nicht der Abtei vorstehen wird.« Die anderen Mönche aber sagten: »Wen sollen wir zum Abt wählen? Wer wird uns so sorgfältig führen, dass wir ihm gehorchen?«
    Schließlich ist jener Bruder gewählt worden, den der eine für das Amt bestimmt hatte. So ist er für seine List bestraft worden.

14. a) multitudinis (Gen. Sg.) – draconibus (Dat./Abl. Pl.) – fide (Abl. Sg.)
    b) huius (Gen. Sg. m./f./n.) – illud (Nom./Akk. Sg. n.) – quarum (Gen. Pl. f.)
    c) vivae (Gen./Dat. Sg., Nom. Pl. f.) – ingenti (Dat./Abl. Sg. m./f./n.) – sani (Gen. Sg. m./n., Nom. Pl. m.)

15. a) viveremus (1. Pers. Pl. Konj. Imperf. Akt.) – habitaretis (2. Pers. Pl. Konj. Imperf. Akt.) – habebis (2. Pers. Sg. Fut. I Akt.) – geretur (3. Pers. Sg. Fut. I Pass.)
    b) locuti erunt (3. Pers. Pl. Fut. II m.) – intraveris (2. Pers. Sg. Fut. II/Konj. Perf. Akt.) – sint (3. Pers. Pl. Konj. Präs. Akt.) – faciamus (1. Pers. Pl. Konj. Präs. Akt.)

Lektion 23

Lektionstext

Messenio: Dieses ist das sechste Jahr – das gesamte Meer, Griechenland und alle italischen Küsten haben wir umfahren. Wenn du eine Nadel suchen würdest, hättest du die Nadel schon längst gefunden. Wir suchen eine Leiche unter den Lebenden. Denn wenn er leben würde, hätten wir ihn schon längst gefunden.
Men.-Sos.: Also suche ich einen, der mir mitteilen kann, dass mein Bruder tot ist.
Messenio: Hör zu! Im Geldbeutel befindet sich zu wenig Geld. Kehre nach Hause zurück!
Cylindrus: Menaechmus, sei gegrüßt!
Men.-Sos.: Die Götter lieben dich, wer auch immer du bist!
Cylindrus: Wer auch immer ich bin? Ich bin Cylindrus. Kennst du meinen Namen nicht?
Men.-Sos.: Ich kenne dich nicht und ich will dich auch gar nicht kennen.
Cylindrus: Du heißt Menaechmus.
Men.-Sos.: Das ist richtig. Aber woher kennst du mich?
Cylindurs: Woher ich dich kenne? Du hast meine Herrin Erotium als Freundin!
Men.-Sos.: Weder, bei Herkules, habe ich sie als Freundin noch kenne ich dich. Vor diesem Tag habe ich Epidamnus noch niemals gesehen und bin auch nicht hierhergekommen.
Cylindrus: Du leugnest es? Du bist verrückt! Wohnst du nicht in jenem Haus?
Men.-Sos.: Die Götter sollen jene Menschen, die hier wohnen, zugrunderichten.
Cylindrus: Verrückt ist dieser freilich, der sich selbst verflucht. Wenn du nicht verrückt wärest, würdet du dies nicht sagen.

Einführungssätze

Wenn du zum Essen kommen würdest, würdest du meine Tochter sehen.
Ich suche jemanden, der mir helfen kann.
Ich will dich kennen.

Aufgaben zum Lektionstext

1. Messenio ist Sklave des Sosicles, der jetzt Menaechmus heißt. Er ist mit seinem Herrn durch das Mittelmeer gefahren und besorgt in dem Hafenort Geld.
   Menaechmus ist der Zwillingsbruder des Sosicles, der als Kind entführt wurde. Sein nicht entführter Zwillingsbruder Sosicles wurde in Menaechmus umbenannt, um die Erinnerung an die Entführung wach zu halten. Sosicles sucht einen Beweis dafür, dass sein Bruder tot ist. Der reale Menaechmus ist offensichtlich mit Erotium befreundet und lebt in dem Hafenort. Der Koch Cylindrus ist Sklave der Erotium.

2. annus sextus (→ lange Suche), iam diu (→ lange Suche), ante hunc diem numquam (→ noch nie, heute das erste Mal)

3. Das **Polyptoton** zu *nosse* verstärkt die skurrile Situation, dass Cylindrus Menaechmus sehr gut kennt, quasi auch in jeder grammatikalischen Form, der geborene Menaechmus Cylindrus ebenso, dass allerdings Sosicles Cylindrus nicht kennen kann, da er ja noch nie in dem Ort war.
Men.-Sos.: Vērum. Sed ubī *nōvistī* mē? / Cylindrus: Ubī tē *nōverim?*
Die **Alliteration** *nonne novisti nomen* intensiviert die Wirkung des no- von *nomen*. Menaechmus müsste doch wirklich wissen, wie der Koch heißt.
Parallelismus: Ebenso wie die Satzglieder parallel angeordnet sind, so gleichförmig wäre auch das Auffinden des gesuchten Bruders, sofern er noch lebte: Nam sī *vīveret*, eum iam diū *invēnissēmus.*
Je weiter bei einem **Hyperbaton** die Bezugswörter entfernt sind, desto gewichtiger ist die Aussage: *Amīcam* habēs dominam meam *Erōtium!* Menaechmus müsste doch seine eigene Freundin kennen – so bedeutend sollte einem Liebhaber seine Freundin sein.

4. Cylindrus: Menaechme, salvē! *Freundliche und angemessene Anrede in der Annahme, Sosicles würde ihn kennen.*
Men.-Sos.: Dī tē amant, quisquis es!
Cylindrus: Quisquis sum? Cylindrus egō sum. Amīcam habēs dominam meam Erōtium! Nonne novisti nomen meum? *Direkte bzw. indirekte Fragen, weil Menaechmus Cylindrus kennen müsste. Aber die Antwort* Cylindrus ego sum *soll Menaechmus nicht bloßstellen.*
Men.-Sos.: Egō tē nōn nōvī neque nōvisse adeō volō.
Cylindrus: Est tibī Menaechmō nōmen. *Höfliche Nachfrage, damit Cylindrus nicht einem Irrtum aufsitzt.*
Men.-Sos.: Vērum. Sed ubī nōvistī mē?
Cylindrus: Ubī tē nōverim? *Wiederholung der Frage zeigt ansteigende Ungeduld.* Amīcam habēs dominam meam Erōtium! *Hyperbaton und Ausruf zeigen zunehmende Genervtheit in Anbetracht scheinbar offensichtlicher Sachverhalte.*
Men.-Sos.: Neque hercle habeō neque sciō tē. Ante hunc diem Epidamnum
numquam vīdī neque vēnī!
Cylindrus: Negās?! *Überraschte Frage, daher ohne einleitendes Pronomen.* Īnsānus es! *Ungebührliche Aussage für einen Sklaven.* Nōn tū in illīs aedibus habitās? *Grammatikalisch wegen seiner Aufregung erneut nicht korrekt: nonne …*
Men.-Sos.: Dī illōs hominēs, quī illīc habitant, perdant!
Cylindrus: Īnsānit hic quidem, quī ipse maledīcit sibī. Nisī īnsānīrēs, hoc
nōn dīcerēs. *Verwendung des Irrealis zeigt, dass Cylindrus mit dem Verhalten des Menaechmus nicht mehr zurechtkommt.*

Übungen

1. vivus – mortuus: lebendig – tot | quaerere – invenire: suchen – finden | nox – dies: Nacht – Tag | noscere – ignorare: erkennen – nicht kennen | abire – reverti: weggehen – wiederkehren | parum – multum: wenig – viel | amica – hostis: Freundin – Feind(in) | ora – mare: Küste – Meer

2. ad oram vehi: zur Küste fahren – parum pecuniae habere: zu wenig Geld haben – amicam quaerere: eine Freundin suchen – dominam vivam invenire: die Herrin lebend vorfinden – in aedibus habitare: in einem Haus wohnen – post multos annos reverti: nach vielen Jahren wiederkehren – pecuniam perdere: Geld vergeuden – fratrem invenire velle: den Bruder finden wollen

3. Auch (etiam) andere Autoren schrieben schon lange (iam diu) Erzählungen, wo (ubi) Zwillinge eine Rolle spielen. Stets (semper) wird einer zwar (quidem) verloren oder (aut) verwechselt, zuletzt aber (postremo autem) finden sich alle wieder (iterum) zusammen. – Ende gut, alles gut!

4. a) Mengen: z. B. adeo, parum, plus, aliquot, tot, nimis
   b) Orte: z. B. illic, huc, hic, ubi
   c) Einschränkungen: z. B. quidem, paene
   d) Folgerungen: z. B. ergo, ideo, sic
   e) Zeitangaben: z. B. tum, usque ad, iterum

5.

	Konjunktiv Imperfekt	Konjunktiv Plusquamperfekt
habitare	habita-re-t	habitav-isse-t
quaerere	quaere-re-t	quaesiv-isse-t
invenire	inveni-re-t	inven-isse-t
facere	fac-e-re-t	fec-isse-t

Imperfekt		Plusquamperfekt	
Aktiv	**Passiv**	**Aktiv**	**Passiv**
viverent	quaereretur	habuissemus	inventum esset
haberem	inveniremini	fuisses	amati essetis

6. Wenn ich eine Frau wäre/ein Mann wäre …
   Wenn ich viel Geld hätte …
   Wenn ich ein hübsches Mädchen/einen schönen Jungen sähe …
   Wenn ich in den alten Zeiten gelebt hätte …
   Wenn ich ein römischer Konsul gewesen wäre …
   Wenn ich meinen Bruder verloren hätte …

7. »Wäre nicht der Bruder entführt worden, würden wir ihn jetzt nicht suchen. Wenn wir ihn bereits gefunden hätten, fehlte uns jetzt nicht das Geld. Wenn ich meinen Bruder nicht liebte, hätte ich die Hoffnung schon längst verloren. Aber wenn wir ihn nicht bald finden, wird alles verloren sein.«

8. Wir wollen eine Geschichte des Dichters Shakespeare hören: Weil ein gewisser Macbeth König von Schottland sein wollte, fasste er mit seiner Frau einen Beschluss: »Der König will mir nicht Platz machen, und er wird es auch in Bälde nicht wollen. Ich wollte aber schon längst König sein. Was willst du?«
   Seine Ehefrau: »Wenn du wirklich König hättest sein wollen, hättest du den König schon längst getötet!«

9. **quisquis**: Nom. Sg. m./f.: wer auch immer – ali**quem**: Akk. Sg. m./f.: irgendeinen – **quae**dam: Nom. Sg. f.: eine gewisse; Nom. Pl. f./n.; Akk. Pl. n.: einige – **quos**que: Akk. Pl. m.: jede/alle – ali**quarum**: Gen. Pl. f.: einiger – **cuius**dam: Gen. Sg. m./f./n.: eines gewissen – **quidquid**: Nom./Akk. Sg. n.: was auch immer– ali**quas**: Akk. Pl. f.: einige – **quae**cumque: Nom. Sg. f.: wer auch immer; Nom. Pl. f./n., Akk. Pl. n.: welche auch immer

10. Sosicles fand seinen Bruder nicht mehr,
    – nachdem er ihn in weitem Umkreis gesucht hatte (temporal).
    – obwohl er ihn in weitem Umkreis suchte (konzessiv).
    – den er in weitem Umkreis suchte (Relativsatz).
    – weil ihm Geld fehlte (kausal).
    – mit dem er geboren worden war (Relativsatz).

11. te → tu, du – tuti → tutus, a, um, sicher – tueor → tueri, beschützen – di → deus, Gott – die → dies, Tag – dedi → dare, geben – regi → rex, König; regere (Inf. Präs. Pass.), lenken – rei → res, Sache – reri → reri, meinen – sis → esse, sein– si → si, wenn – suis → suus, a, um, seiner

12. »Wenn ihr meine Anordnungen sorgfältig beachtet, ist es gut. Sorgt dafür, dass keine Prostituierte im Raum vor der Bühne sitzt und der Liktor seine Worte nicht einmal halblaut spricht, während ein Schauspieler auf der Bühne ist.«

13. noluisses: 2. Pers. Sg. Konj. Plqmpf. Akt.: du hättest nicht gewollt – facti erant: 3. Pers. Pl. Ind. Plqmpf. Pass. m.: sie waren gemacht worden – malim: 1. Pers. Sg. Konj. Präs. Akt.: ich möchte lieber wollen – lati essetis: 2. Pers. Pl. Konj. Plqmpf. Pass.: ihr wäret gebracht worden – nolebamus: 1. Pers. Pl. Ind. Imperf. Akt.: wir wollten nicht – fit: 3. Pers. Sg. Ind. Präs.: er/sie/es wird gemacht – tulerit: 3. Pers. Sg. Konj. Perf./Fut. II Akt.: er/sie/es soll/wird gebracht haben – malui: 1. Pers. Sg. Ind. Perf. Akt.: ich habe lieber gewollt

Lektion 24

Lektionstext

Erotium: Mein Schatz; warum stehst du hier vor der Tür? Komm! Tritt ein! Alles ist bereit, wie du befohlen und wie du es gewollt hast. Zögere nicht!

Men.-Sos.: Mit wem spricht diese Frau?

Erotium; Natürlich mit dir. – Men.-Sos.: Gewiss ist diese Frau entweder wahnsinnig oder betrunken, Messenio. Was sollen wir tun? – Messenio: Ich will sie ansprechen.

He, Frau, wo hast du diesen Mann kennengelernt?

Erotium: In Epidamnus! – Messenio: In Epidamnus? Welcher Mann kam hierher in diese Stadt, aber war hier niemals außer heute?

Erotium: Heia! Du machst Witze! Aber, mein Menaechmus, tritt ein! Lass uns hineingehen, um zu speisen! Oder weshalb hast du mir befohlen, dir Essen zu bereiten?

Men.-Sos.: Ich habe dir befohlen, Essen zu bereiten? – Erotium: Gewiss, dir und deinem Schmarotzer. – Men.-Sos.: Welchem Schmarotzer? Du möchtest glauben, dass diese Frau wahnsinnig ist.

Erotium: Für Peniculus. – Men.-Sos.: Wer ist dieser Peniculus? Diese Frau da soll aufhören irre zu reden! – Erotium: Freilich ist es der, der mit dir kam, als du mir das Gewand gebracht hast, das du von deiner Frau heimlich entwendet hast.

Men.-Sos.: Was ist los? Ich habe dir ein Gewand gegeben, das ich meiner Frau heimlich entwendet habe? Keineswegs! Ich habe weder jemals eine Frau gehabt noch habe ich eine noch habe ich jemals, nachdem ich geboren worden bin, dein Haus betreten! Surch dir irgendeinen anderen Menschen, Frau, nicht mich.

Erotium: Ich erkenne dich nicht wieder, Menaechmus, Sohn des Vaters Moschus!? Man sagt, du seist in Syrakus geboren worden. – Men.-Sos.: Bei Herkules! Du sagst nichts Falsches. Ich will dich begleiten. – Messenio: Tu das nicht! Du würdest zugrunde gehen, wenn du einträtest!

Men.-Sos.: Schweige. Die Sache geht gut aus. Ich werde der Frau zustimmen, was auch immer sie sagen mag, wenn ich ihre Gastfreundschaft erlangen kann.

Einführungssätze

Wen sollen wir zum Essen einladen?

Sie sollen zum Essen kommen.

Aufgaben zum Lektionstext

1. quōcum: Menaechmus; haec mulier: Erotium; tēcum: Men.-Sos.; haec mulier: Erotium; egō:
Messēniō; eam: Erotium; tū: Erotium; hunc hominem; Men.-Sos.; hūc in hanc urbem: Epidamnum; mē: Erotium – tibī:
Men.-Sos.; ego: Men.-Sos.; tē: Erotium; tibī: Men.-Sos.; tuo: parasītō; cui: parasītō; hanc: mulierem; quis iste: Pēniculus; ista:
Erotium; quī: Peniculus; tēcum: Menaechmus; mihī: Erotium; quam: vestis; tuā: uxōr; tibī: Erotium; meae: uxōr Menaechmī;
aedēs tuās: Erotium; alium hominem: Menaechmus; mē: Men.-Sos.; egō: Erotium; tē: Menaechmus; tē: Erotium

2.

Anreden der Erōtium an Menaechmus	Anreden des Menaechmus an Erōtium
Animule mī	haec mulier
mī Menaechme	mulier
Menaechmum, Moschī filium patris	

Erotium spricht Menaechmus als ihren vertrauten Liebhaber an, Menaechmus redet von ihr als »dieser Frau«, das heißt, er spricht distanziert und eher über sie als mit ihr.

3. Erōtium: Animule mī (*Vokativ*), quid hīc stās forīs? (*Frage*) Veniās! Intrēs! (*Jussiv*) Omne parātum est, ut iussistī atque ut voluistī. Nē morātus sīs! (*Verneinter Imperativ*)
Erōtium: Hēia! Dēliciās facis! Sed, mī Menaechme (*Alliteration*), intrēs! Eāmus intrō, ut cēnēmus! Aut cūr mē iussistī tibī parāre cēnam?
Erōtium: Certē, tibī et parasītō tuō. (*Homoioteleuton*)
Scīlicet, quī tēcum vēnit, cum vestem mihī dētulistī quam ab uxōre tuā surripuistī. (*Parallelismus*)
Erōtium: Nōn egō tē nōvī, Menaechmum, Moschī filium patris!? (*Hyperbaton*)

4. Der echte Menaechmus unterhält eine freundschaftliche, außereheliche Beziehung zu Erōtium, die ihn mit schmeichelnden Bezeichnungen anredet (Animule mī). Sie gibt ihm das Gefühl, wie ein *pater familias* in ihrem Haushalt zu agieren (ut iussistī; mē iussistī tibī parāre cēnam). Erotium hat Menaechmus in Epidamnum kennengelernt (In Epidamnō). Menaechmus lässt sich von einem Schmarotzer begleiten (tibī et parasītō … Pēniculō). Menaechmus schenkt seiner Geliebten Erotium Gegenstände, die seiner Frau gehören (vestem mihī dētulistī, quam ab uxōre tuā surripuistī).

Übungen

1. a) foris, draußen – intro, drinnen – intrare, eintreten – morari, sich aufhalten → Rastplatz
   b) hospitium, Gastfreundschaft – comitari, begleiten – cenare, speisen → Geselligkeit
   c) deferre, bringen – loqui, sich unterhalten – tacere, schweigen – iubere, befehlen → Herren und Sklaven
   d) delirare, wahnsinnig sein – falsus, falsch – insanus, wahnsinnig – perire, zugrundegehen → Krankheit

2. rem gerere: eine Sache ausführen – bellum gerere: einen Krieg führen – vitam gerere: sein Leben führen – se male gerere: sich schlecht verhalten – scelus gerere: ein Verbrechen begehen – rem publicam gerere: den Staat verwalten

3. Schön, dass du hierher (huc) gekommen bist! Wer auch immer dich begleitet (Quisquis te comitatur), ist willkommen. Tretet ein (Intrate)! Und bitte haltet euch nicht draußen auf (ne foris morati sitis). Überall lobt man unsere Gastfreundschaft (hospitium). Mädchen, bringt die Gewänder (deferte vestes) unserer Gäste weg. Natürlich ist das Essen schon fertig (Scilicet cena iam parata est).

4. comitari – comes → Begleiter | gloria – gloriari → sich rühmen | delirare – delirium → Wahnsinn | morari – mora → Aufschub | iubere – iussum → Befehl | velle – voluntas → Wille

5.

	Konjugation	Konjunktiv Präsens
iube-mus	e-	iube-a-mus
tace-nt	e-	tace-a-nt
rapi-o	kons.	rapi-a-m
inveni-t	i-	inveni-a-t
capi-o	kons.	capi-a-m
cred-i-t	kons.	cred-a-t
intra-t	a-	intre-t
para-mus	a-	pare-mus

6.

	Aktiv	Passiv
Konjunktiv Präsens	desin**a**t, **sit**	quaer**a**ris
Konjunktiv Imperfekt	intra**re**t, **esse**tis, tace**rem**, sta**rem**	
Konjunktiv Perfekt	delira**ve**ritis, de**de**rint	**iussi** s**in**t
Konjunktiv Plusquamperfekt	lauda**visse**m, fu**isse**mus, para**visse**tis	**acti esse**nt

7. istum hominem: diesen Mann da – has mulieres: diese Frauen – horum dierum: dieser Tage – id nomen: dieser Name – istius orae: dieser Küste da – ea maria: diese Meere

8. (haec) Dieses Wirtshaus ist schön. – (eam) Lass es uns betreten! – (ista) Diese Frau da kennt uns. – (ea) Von ihr ist das Essen bereitet worden. – (hoc) Diese Gastfreundschaft gefällt uns.

9. a) accipitur: er/sie/es wird angenommen – moratur: er zögert – loquimur: wir sprechen
   b) quaerimur: wir werden gefragt – comitamur: wir begleiten – moveor: ich werde bewegt
   c) sequebantur: sie folgten – capiebantur: sie wurden gefangen
   d) pellebantur: sie wurden geschlagen – moriuntur: sie sterben

10. *Erotium* (Subjekt) *Sosiclem* (Akk.-Objekt) *ante aedes* (adv. Best.) *videt* (Prädikat).
    Erotium sieht Sosicles vor dem Haus.
    Cuius formam (Akk.-Objekt) *non ignorat* (Prädikat mit Subjekt).
    Dessen Gestalt kennt sie sehr gut.
    Amicum suum esse (Akk.-Objekt) *putat* (Prädikat mit Subjekt).
    Sie glaubt, er sei ihr Freund.
    Viris (Dat.-Objekt) *cenam* (Akk.-Objekt) *dare vult* (Prädikat mit Subjekt).
    Sie will den Männern eine Speise geben.
    Verbis puellae (adv. Bestimmung) *tandem* (adv. Bestimmung) *victus est* (Prädikat mit Subjekt).
    Durch die Worte des Mädchens ist er schließlich besiegt worden.

11. Erotium: Veniatis! Kommt! (Aufforderung)
    Omnes domum intremus! Lasst uns alle ins Haus gehen! (Aufforderung/Hortativ)
    Sosicles: Quid faciamus? Was sollen wir tun? (Frage/Aufforderung/Deliberativ)
    Puellam sequamur! Lasst uns dem Mädchen folgen. (Aufforderung/Hortativ)
    Fortuna nos adiuvet! Das Schicksal möge uns helfen. (Wunsch/Optativ)

12. Der Schauspieler ermahnt die Zuschauer: »Frauen sollen schweigend zuschauen, verschwiegen lachen, sich mäßigen, hier mit ihrer Stimme zu zwitschern. Sie sollen sich nach Hause begeben, wenn sie sich unterhalten wollen. Sie sollen sowohl hier als auch zu Hause ihren Männern nicht zur Last fallen!«

13. aliquarum: aliqui, aliquae, aliquod – feliciorum: felix → felicior – perseveravisti: perseverare – quibuscumque: quicumque – meminissent: meminisse

14. a) conscriptae sunt: conscribere – ministrent: ministrare – esuriens: esurire
    b) requietem: requies – voluntariis: voluntarius – fidei: fides